NOTES ET SOUVENIRS

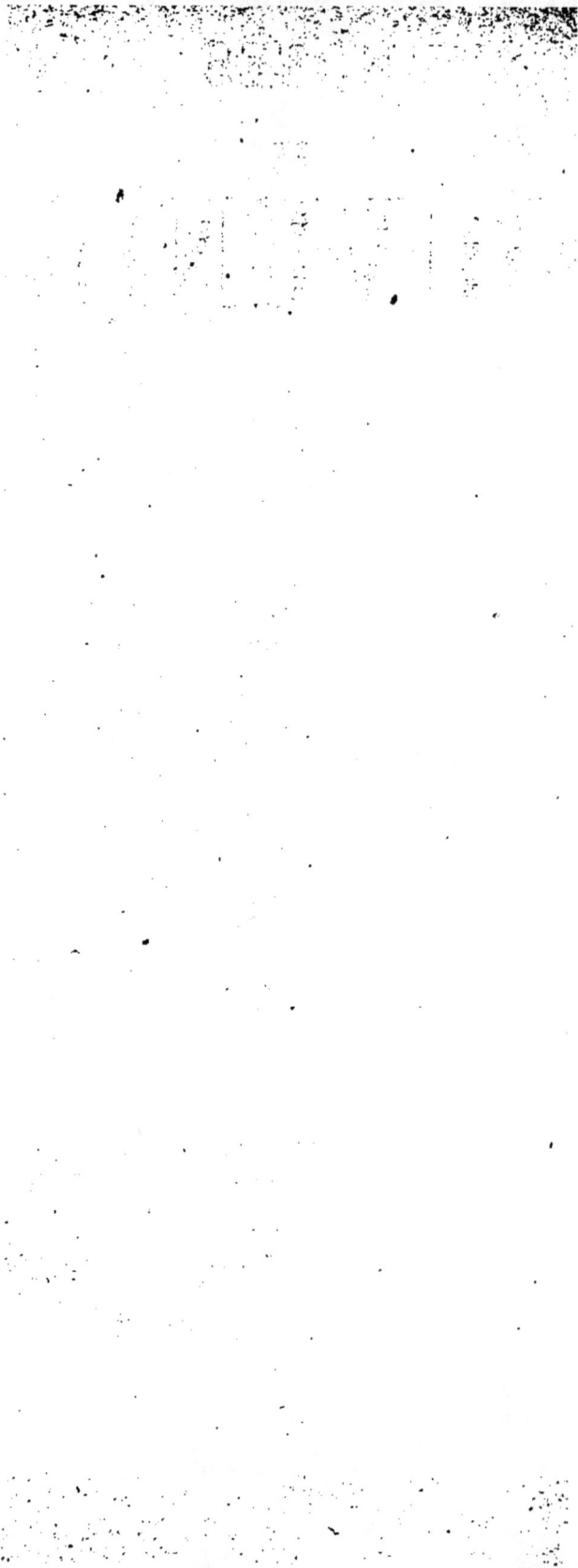

NOTES

ET

SOUVENIRS

D'UN

VOYAGEUR LIBANAIS

PAR

LOUIS ZOUAIN

CHORÉVÊQUE MARONITE

~~~~~~~~~~~~~~~

PARIS

CHALLAMEL, AINÉ, ÉDITEUR

CONCESSIONNAIRE
DE LA VENTE DES CARTES, PLANS ET OUVRAGES
PUBLIÉS PAR LE DÉPOT DE LA MARINE
5, RUE JACOB, 5
—
1880

©

PRÉFACE

J'avais résolu de faire une relation complète de mon voyage d'Orient en France, de dire la bienveillante réception qui m'a été faite dans toutes les villes que j'ai parcourues, d'exprimer à cette nation toujours chevaleresque, généreuse et hospitalière pour les étrangers, quelles que soient leurs infortunes, la reconnaissance qu'elle m'inspire, et l'amour que son souvenir laissera à jamais dans mon cœur.

Des occupations nombreuses et pressantes me font renvoyer ce travail à une époque où je puisse trouver un peu plus de loisir; aujourd'hui, je me contenterai d'une causerie, si je puis m'exprimer ainsi, avec le lecteur qui voudra bien m'accueillir; je m'efforcerai de lui faire aimer le Liban, si riche en souvenirs bibliques, et si passionné pour la France sa mère adoptive.

Pendant près de quinze ans, élève puis professeur de langue arabe au collège des révérends Pères Jésuites de Gazir, j'y ai apprécié la France, en apprenant à la connaître par cette illustre société de la Compagnie de Jésus, qui ne ménage à mon pays ni son dévouement ni son amour. Connaître de loin la France n'était point assez; je voulus la voir, et Dieu a exaucé mon désir en inspirant à

Mgr Debs de me désigner pour venir étudier les résultats de la civilisation dans ce beau pays.

Pour saisir plus que la physionomie d'une contrée, pour s'identifier à la vie d'un peuple impressionnable, ardent, passionné, aussi riche par le cœur que fécond par l'intelligence, il me fallait plus de deux ans de séjour, même en les passant dans un monde savant et observateur ; j'ai donc dû rester plus longtemps en France afin de pouvoir rendre fructueux pour mon pays, et mon voyage et mes observations.

« Allez en France, m'a dit un jésuite, mon professeur, vous serez au milieu d'un nouveau monde, « vous y acquerrez des idées qui vous serviront « et serviront à votre pays. » J'y suis venu ; j'ai touché à ce sol aimé de mes pères ; j'y ai été l'hôte bienvenu, j'y ai recueilli quelques étincelles de ce foyer de lumières pour les porter à mon pays. Grâce à elles, il vivra, lui aussi, de la vie intellectuelle qu'alimentent si puissamment les ressources de la science, les merveilles des arts et les richesses de l'industrie. J'espère que cette vie nouvelle sous l'influence de notre ciel si chaud, mûrie par l'invincibilité de notre foi, abritée par la noblesse de nos traditions, donnera à nos peuples une ère nouvelle de progrès, sans altérer en rien ses croyances chrétiennes.

La civilisation chrétienne !.. Ah ! ne vous étonnez pas qu'elle ait parlé au cœur du Maronite, qu'elle l'ait fait tressaillir, qu'il s'en soit violemment épris ! Ne vous étonnez pas qu'il vienne aujourd'hui vous demander quelques-unes des immortelles pensées qui la fécondèrent et l'exemple de quelques-uns de ces grands courages qui l'ont faite si grande et si forte. France ! Etoile bien-aimée, rayonne encore, rayonne toujours sur le monde, et qu'un de tes rayons bénis pénètre jusques aux montagnes oubliées du Liban. Des cœurs généreux, bons, tristes parce qu'ils sont malheureux, l'y recevront ; le nom français s'y perpétuera d'âge en âge, notre histoire l'ajoutera peut-être aux pages sacrées de la Bible, et si, ce qu'à Dieu ne plaise ! un jour ton nom devait être effacé du milieu des nations, il est un peuple, s'il te survit, qui le gardera toujours dans son cœur : c'est le peuple maronite !

Mon but a toujours été et sera toujours de faire en sorte que le jeune clergé du Liban devienne par son instruction et ses lumières l'émule du clergé européen. Pour atteindre ce but, la formation d'un clergé indigène est indispensable, c'est donc l'œuvre à laquelle je consacre mon temps et ma santé.

J'ai l'intention dans ces quelques pages d'éclairer sur quelques points, d'une grande importance pour nous, un certain nombre de personnes qui, soit par ignorance, soit par parti pris, s'aveuglent sur ces questions si graves.

Ces quelques points sont les suivants :

Premièrement : Il y a des catholiques qui sur l'assertion de quelques livres mal renseignés ou sur les insinuations de sectaires intéressés à décrier l'Eglise, accusent les Maronites d'être tombés dans le schisme et l'hérésie et de ne s'être relevés qu'après plusieurs siècles d'erreur.

Secondement : Quelques autres, égarés par les différences qui existent entre notre hiérarchie et nos rubriques, et celles qu'ils sont accoutumées à voir, s'imaginent que le désarroi le plus complet règne dans notre Eglise et que toutes nos dignités et nos pratiques ne sont que des inventions frivoles.

Troisièmement : Beaucoup enfin croient de très bonne foi que tous les Chaldéens, tous les Arméniens, tous les Cophtes, tous les Syriens et tous les Grecs sont schismatiques, tandis que la vérité est qu'il y a des Chaldéens catholiques ainsi que des Arméniens, des Cophtes, des Syriens et des Grecs qui tous font les plus grands efforts pour ramener à la foi leurs frères égarés.

J'essayerai donc dans une première partie, de faire connaître l'état de l'Eglise du Liban, ses provinces ecclésiastiques, sa hiérarchie, ses ordres religieux. Je tracerai ensuite à grands traits l'histoire du Liban, et donnerai quelques détails sur les différents peuples qui l'habitent. Je terminerai cette première partie par l'étude des relations de la France avec le Liban, pour montrer à ceux qui l'ignorent, que le peuple français ne peut pas être indifférent au sort du peuple maronite.

La seconde partie montrera clairement la légalité de ma mission, et les sympathies qui partout ont accueilli les missionnaires libanais, malgré les fâcheux augures prononcés par des gens ma-intentionnés à l'égard des prêtres orientaux qui viennent en Europe.

PREMIÈRE PARTIE

LE LIBAN

En hébreu, le mot Liban signifie blancheur, c'est une allusion à la neige qui couvre continuellement les cimes des hautes montagnes de ce pays.

Le Liban s'étend depuis le mont Carmel, au midi, jusqu'à Antioche, au nord ; sa longueur est d'environ 250 kilomètres, et sa largeur de 75. Un bon cavalier peut donc en un seul jour, le traverser dans sa plus grande largeur.

On sait que le Liban n'est que l'anciene Phénicie célèbre dans l'antiquité par ses villes de Joppé, de Tyr et de Sidon ; par ses cèdres qui ont servi à la construction du temple de Salomon ; par son Mont Carmel séjour du prophète Elie, habité par Jésus-Christ et sa mère, célèbre enfin par Césarée où N. S. Jésus-Christ guérit la fille d'une Chananéenne (Mt., XV).

Je ne donnerai ici qu'un aperçu des évènements qui ont ruiné son ancienne prospérité, disséminé ses peuples, et réduit à un nombre infime sa population catholique.

Je parlerai du Liban au point de vue religieux, historique et scientifique.

Le Liban est occupé par plusieurs nations : les Maronites, les Druses, les Mutualis, les Musulmans, les Nossaïri. les Grecs unis, les Grecs, schismatiques, les Syriens, les Arméniens, les Juifs, sans parler des colonies venues d'Europe.

CHAPITRE Ier

Les Maronites, leur origine.

Vers la fin du quatrième siècle, pendant que l'hérésie des Nestoriens faisait de grands et cruels ravages dans toute la chrétienté, vivait dans la Syrie, près d'Antioche, un religieux qui s'appelait *Maron* ; il menait la vie des solitaires dont Théodoret, évêque de Kauroche, en Syrie, a écrit l'histoire. Telle était la réputation de ce saint religieux que Saint Jean Chrysostome lui demanda des prières dans une de ses lettres. Ce vaillant Maron animé d'un zèle apostolique pour défendre l'Eglise Catholique et ses conciles, exhorta vivement les Syriens à rester fidèles à leur foi. Les miracles par lesquels Dieu confirma sa parole, lui ont mérité d'être mis au nombre des Saints dont s'honore l'église, et les papes ont accordé des indulgences le jour de sa fête (1).

---

(1) Le 15 avril 1734 le pape Clément XII accorda une indulgence plénière à ceux qui le cœur contrit et hu-

Saint Maron mourut en l'année 410 et fut enseveli dans un couvent qui porte son nom. Mais lorsque Justinien II, empereur de Constantinople eut dévasté le couvent et mis à mort 360 religieux maronites qui n'avaient pas voulu embrasser l'hérésie des Monothélites, Saint-Jean Maron premier patriarche de la nation transporta le chef de Saint-Maron dans une église qu'il fit bâtir en son honneur dans un village des environs de Batroun.

En l'année 1120, un religieux Bénédictin de Foligno, Italie, voyageant en Syrie transporta dans son pays ce précieux trésor et érigea une église à laquelle il donna le nom du saint. Plus tard, l'archevêque du diocèse mit le chef de Saint-Maron dans son Eglise cathédrale.

Le peuple resté fidèle à la foi catholique, grâce au zèle de Saint-Maron et de ses religieux fut par dérision appelé par les hérétiques, *maronite*, c'est-à-dire partisan de la croyance de Saint-Maron. Depuis le ve Siècle jusqu'au viie on les appela tantôt *Maronites*, tantôt *Mardaïtes*, c'est-à-dire *rebelles*, parce qu'en dépit des ordres de l'Empereur de Constantinople, et pour conserver intactes les croyances de leurs pères, ils déclarèrent la guerre aux Sar-

millé visitent les églises des couvent libanions, le 9 février, jour de la fête de Saint-Maron. Le 12 août 1744, Benoit XIV étendit cette indulgence à toutes les églises de la nation présentes et à venir.

rasins et avec l'aide de Dieu les chassèrent de la Terre Sainte, de la Phénicie et les repoussèrent jusqu'au delà de l'Arménie.

En 658, voulant avoir un chef ecclésiastique, les Maronites se constituèrent en assemblée et élurent un religieux appelé Jean Maron, du couvent de Saint-Maron. Il fut présenté au délégué apostolique du Pape Martin, Jean Philadelphe, qui le sacra évêque de Dgebaïl et Bartroun.

Plus tard l'évêque, Jean Maron, étant venu à Rome, fut nommé patriarche des Maronites et à son retour établit une hiérarchie dans son patriarchat, créa des diocèses et sacra plusieurs évêques pour les mettre à leur tète. Il mena une vie si sainte et si pure qu'il a été inscrit dans le martyrologe et que le Saint Siège accorda des indulgences plénières, le jour de sa fète à tous ceux qui visitent les Eglises maronites (1).

Depuis Saint Jean Maron, jusqu'à nos jours les patriarches de la nation maronite, nom devenu national, ont gardé le titre de patriarches d'Antioche.

Voici leurs noms :

| Jean Maron. | Kauroche. |

---

(1) Le 30 janvier 1820 le pape Pie VII accorda une indulgence plénière, pour tous ceux qui visitent l'Eglise de Saint Jean Maron dans le village de Kafar Haï le jour de sa fète, 2 mars. Le 27 mai 1821, le même pape étendit cette faveur à toutes les églises de la nation.

Gabriel.

Jean Maron II.

Jean III, du village de Demalsa.

Grégoire.

Stéphanos.

Marc.

Ossali.

Jean IV.

Josué.

David.

Grégoire II.

Théophile.

Josué II.

Doumith.

Isaac.

Jean V.

Simon.

Joseph Georgi.

Pierre.

Grégoire III.

Jacques.

Jean VI.

Jérémie.

Daniel.

Jean VII.

Simon II.

Daniel II.

Thomas.

Simon III.

Jean With.

Gabriel II.

David II.

Jean IX.

Jacques III.

Pierre II.

Simon IV.

Moïse.

Michel.

Sargios.

Joseph II.

Jean X

Joseph III.

Jean XI.

Georges II.

Stéphanos II.

Gabriel III.

Jacques IV.

Joseph IV.

Simon V.

Tobie.

Joseph V.

Michel II.

Philippe.

Joseph VI.

Jean XII.

Joseph VII.

Joseph VIII.

Paul Massad.

Un grand nombre de ces patriarches sont morts pour leur foi. Malgré les persécutions et les misères de toute nature qui les ont assaillis aucun n'a failli aux devoirs que lui imposait une si haute dignité.

CHAPITRE II

Sièges Patriarchaux !

A la mort de Jésus-Christ les Romains gouvernaient l'Europe, l'Asie et l'Afrique ; ils avaient trois villes capitales, Rome pour l'Europe, Antioche pour l'Asie, Alexandrie pour l'Afrique : ces trois villes devinrent les trois grands sièges de la nouvelle Eglise.

Mais en l'an 400, lorsque Constantin fonda Constantinople, cette ville devint métropolitaine, et plusieurs Jateliks, avec l'agrément du roi et le consentement du Pape, se séparèrent de l'Eglise d'Antioche pour appartenir à la Juridiction religieuse de la nouvelle ville.

En 451, le concile de Chalcédoine décida que les métropolitains de Césarée, en Palestine, de Chitopolis, de Pitra, en l'Arabie Pétrée, formeraient le siège de Jérusalem indépendant du siège d'Antioche.

En 553 le pape Vigile éleva le siège au titre de Patriarchat. Cette nouvelle dignité ne fut connue que vers le temps du concile de Chalcédoine.

L'Église d'Orient compta quatre siégés patriarchaux : Alexandrie, Antioche, Constantinople et Jérusalem. Je ne donnerai pas ici l'exposé de l'état de chacun de ses patriarchats et des fluctuations qu'ils durent subir sous l'influence des erreurs qui les ont déchirés. Celui d'Antioche nous occupera spécialement, le patriarche des Maronites portant le nom de Patriarche d'Antioche.

Le siège d'Antioche a été fondé par Saint Pierre, qui en fit sa première chaire. Le prince des apôtres quitta cette ville sept ans après.

Ce siège eut plus tard sous sa juridiction l'Asie et tout l'Orient, il comptait six jateliks, 27 métropolitains et 166 évéques.

Avant l'apparition de l'hérésiarque Nestorius ce vaste et magnifique siège avait déjà perdu une partie de sa juridiction, car les patriarchats de Constantinople et de Jérusalem furent pris sur son étendu. Mais il fut surtout réduit par la séparations des Chaldéens, des Arméniens et les Syriens.

LES CHALDÉENS

L'unité de la doctrine fut fortement ébranlée chez ces peuples quand Nestorius né à Antioche en 427 sous Théodose le Petit, y sema l'hérésie. Ce fut peu de temps après son élévation à la dignité épiscopale qu'il laissa apercevoir combien il était imbu des doctrines empoisonnées de ses maîtres Duodoras, évêque de Tharsas et Théodore, évêque de Massisa. Il osa dire qu'en Jésus-Christ il y a deux personnes : la personne humaine et la personne divine et que par conséquent la Sainte Vierge n'était pas la Mère de Dieu, mais seulement la Mère de Jésus.

Dès que Saint Cyrille, évêque d'Alexandrie fut instruit de cette hérésie il s'éleva avec force contre Nestorius et sa doctrine. N'ayant pu le convaincre ni par la force des arguments ni par la tendresse de ses conseils il se vit forcé de le dénoncer au Pape Célestin. De son côté Nestorius fit connaître ses enseignement au Saint-Siège qui soumit les antagonistes aux décisions d'un concile réuni à Rome en août 430. La doctrine de Nestorius fut anathématisée et l'hérétique menacé d'être déposé de son siège s'il ne rétractait son erreur avant dix jours.

Saint Cyrille fut chargé d'exécuter l'ordre du Saint-Siège et envoya de Constantinople quatre évêques pour communiquer à Nestorius les décrets qui le condamnaient. Nestorius demeura opiniâtre, et saint Cyrille dut informer le Saint-Siège de la persistance de l'hérésiarque. Il pria en même temps le pape, au nom de tous les catholiques demeurés fermes dans la foi, de convoquer un deuxième concile qui pût mettre fin à cette hérésie. Sa demande fut agréée, et le pape, ne pouvant présider le nouveau concile, y envoya deux évêques, Archadius et Prouatius, ainsi que

1.

le prêtre Philippe, qui avec saint Cyrille devaient le représenter. Le concile se réunit à Ephèse le 22 juin 431.

Nestorius, présent à l'examen de sa doctrine, persista à la soutenir en dépit des raisonnements qui le convainquaient d'erreur; il fut condamné, excommunié et exilé par ordre de Théodose. Il mourut dans son exil; mais avant sa mort, par un juste châtiment de Dieu, sa langue blasphématrice fut rongée par les vers.

Nestorius avait trouvé des défenseurs de ses erreurs et Jahiba, nommé évêque de Rhaa, en 435, fut dans toute la Chaldée l'apôtre de sa doctrine. Parsoum, évêque de Nasib, prêcha aussi cette hérésie aux Persans et aux Arabes; elle pénétra par ces derniers dans toute l'Arménie, les Indes, la Chine, l'Afghanistan et dans tout l'Orient.

Babaous, évêque de Salouki en 498, gagné au parti de l'hérésie, se sépara du patriarche d'Antioche, et usurpa le titre de patriarche que gardèrent ses successeurs jusqu'en 1561. Les Nestoriens se divisèrent bientôt en deux partis, l'un nomma un patriarche, du nom d'Élie, qui demeura près de Mossoul, l'autre élut un nommé Simon qui demeura à Ourmia dans les montagnes de la Perse. Ce sont là quelques uns des malheurs, fruits de l'hérésie.

De 630 jusqu'à 1552, il y eut plusieurs conversions éclatantes : On peut citer le retour de l'évêque Samdhou et des Jérémiques dans le pays d'Arak en 630, la conversion de Thimotée, évêque de Chypre, en 1445 sous le pontificat d'Eugène. Celle des Nestoriens de Malabar en 1599; et en 1630 celle des Sabéens, peuples de l'Arabie et de la Perse, qui portaient le nom de chrétiens de saint Jean-Baptiste.

Mais le mouvement de conversion s'était accentué surtout à partir de 1248 sous le pontificat d'Inocent VI. Arah, procureur de l'Orient fut envoyé au saint Père au nom de son patriarche Sebr-jechouk pour lui faire sa soumission. Une seconde conversion eut lieu sous le patriarchat de Jahballa (1281) et le pontificat de Nicolas IV.

Un troisième retour à la foi, qui fut enfin définitif, se fit en 1552 sous le pontificat de Julien III qui donna aux Chaldéens un patriarche du nom de Jean. Depuis cette troisième conversion le patriarchat chaldéen catholique n'a pas eu d'interruption sérieuse. Le Pape Léon XII a déclaré que le patriarche de la Chaldée prendrait le nom de patriarche de Babylone.

Une seconde hérésie, qui n'affligea pas moins l'Eglise d'Orient, succéda à celle de Nestorius. Eutychès, religieux qui vivait en 1442 dans un couvent, près de Constantinople, osa dire qu'il n'y a qu'une nature en Jésus-Christ. Aphlabianus, évêque de Constantinople, s'éleva contre lui, et tous deux en appelèrent à Rome. Le Pape

Léon désapprouva la doctrine d'Eutychès; mais celui-ci comptait beaucoup de défenseurs à la cour de Théodose, empereur de Constantinople. Dioscore, évêque d'Alexandrie, et Parsoum, archimandrite, prirent sa défense; et réunirent dans la ville d'Ephèse un faux concile, qui est connu dans l'histoire ecclésiastique sous le nom de *concile du brigandage*.

Dans ce concile on approuva la doctrine d'Eutychès, et saint Flavien fut condamné à l'exil.

Dioscore retourna ensuite à Alexandrie, et commença à prêcher l'hérésie d'Eutychès. Le pape Léon, ayant appris cette triste nouvelle, réunit à Rome un concile qui condamna tout ce qu'avait fait le *concile du brigandage*.

Cette condamnation ne suffisant pas, le successeur de Théodose, sollicita du Saint-Siège, la convocation d'un second concile; on le tint à Chalcédoine, ville de l'Asie mineure, en 451, sous la présidence d'évêques et de prêtres délégués du pape. Trois cents évêques y furent appelés; Dioscore, Parsoum et tous les partisans d'Eutychès étaient présents aux débats du concile, mais leur cœur plein d'orgueil rejeta la saine doctrine : Dioscore fut condamné, déposé de son siège et envoyé en exil, où il mourut en 458.

LES ARMÉNIENS

En l'année 460, un élève de Dioscore nommé Samuel, propagea son erreur dans toute l'Arménie. En 545, une nouvelle hérésie parut;

les Arméniens, déjà hérétiques, l'acceptèrent et donnèrent à l'erreur une nouvelle secte.

Julien, évêque d'Halicarnasse, en Asie mineure, en fut le promoteur : d'après lui, le corps de Jésus-Christ, même avant sa mort, était incorruptible. Justinien Ier, empereur de Constantinople, embrassa cette nouvelle hérésie en 527, et vingt ans après, les Arméniens réunirent à Taphen (551) un concile schismatique.

C'est, croit-on, à cette époque, qu'ils se séparèrent non-seulement de l'église d'Antioche déjà démembrée par eux, mais encore qu'ils rompirent définitivement avec l'Eglise romaine.

Pourtant au concile de Florence en l'année 1439, sous le pape Eugène IV les Arméniens se soumirent à l'Eglise catholique, malheureusement leur fidélité s'est souvent démentie; toujours inconstants, tantôt ils en refusaient le joug, tantôt ils l'acceptaient. (Voir Aldor Almanzoum pages 104, 105, 106). La partie de cette nation retournée à la foi catholique, finit par se trouver sans patriarche jusqu'à ce qu'Abraham Aïntabi, sacré évêque en 1708, eut été nommé le 27 novembre 1729 patriarche des Arméniens de Cilicie. Il ne fut approuvé par le pape Benoit XIV (26 novembre 1743) qu'après la mort du patriarche hérétique, et prit le nom de Pierre, nom que portèrent depuis tous ses successeurs.

Mais les hérétiques persécutant sans relâche, les patriarches de Cilicie ces derniers ne purent rester sur leur siège et vinrent chercher refuge au Liban. Le 25 avril 1743 Benoît XIV, écrivit à la nation maronite, à son patriarche, à ses évêques et à tout son clergé pour leur recommander le patriarche Cilicien et tout son peuple. Ce patriarche établit sa résinence dans le Kasravan dans le couvent de Saint-Sauveur, où il passa sa vie, et où demeurèrent désormais ses successeurs.

Plus tard ils s'établirent au couvent de Bzoumar à 5 kilomètres de celui de St-Sauveur; ce fut leur résidence définitive jusqu'au dernier patriarche nommé en 1843.

En 1830, Pie VIII nomma un primat arménien qui avait la juridiction sur tous les Arméniens catholiques habitant Constantinople et les provinces avoisinantes; Michel, patriarche Cilicien, résidait au Liban, lorsqu'à la mort de Grégoire XVI, le Saint-Siège manifesta le désir de ne plus voir les arméniens catholiques soumis à des juridictions différentes. Pour obéir à ce vœu, les arméniens se réunirent à Bzoumar en présence de Mgr Valerga, délégué apostolique et nommèrent patriarche de Cilicie. Mgr Hassoum, primat de Constantinople. Le Saint-Siége l'approuva et lui donna Constantinople pour résidence.

Le séjour des patriarches arméniens, parmi les Maronites, fut pour tous un sujet d'édification. Leur sainteté était proverbiale dans le Liban et

le lieu de leur retraite devint un lieu de pèleri-
nages. On tenait à honneur de recevoir leur
bénédiction. Les habitants allaient chercher
l'eau qu'ils avaient bénite pour en jeter quelques
gouttes sur les vers à soie nouvellement éclos
et sur leur nourriture à l'époque de la récolte;
les malades buvaient de cette eau pour se guérir
et les personnes d'une grande piété étaient
appelées fils de Bzoumar (1). Un séminaire
avait été fondé dans le couvent pour l'instruction
des prêtres Arméniens.

Après le concile du Vatican, en 1869, un
nouveau schisme se déclara; une partie des
Arméniens ne voulut pas reconnaître l'autorité
patriarchale de Mgr Hassoum et se choisirent
un autre patriarche malgré tous les efforts que
fit la papauté pour prévenir la rébellion.

La division pénétra dans le couvent de
Bzoumar, les schismatiques chassèrent ceux
qui étaient restés fidèles et le couvent, où
régnaient jadis la paix et le calme, devint un
centre d'erreur et de trouble. Mais les prières
de l'Eglise et la protection des patriarches

---

(1). Je me rappelle être allé à Bzoumar quand je
revêtis l'habit ecclésiastique. Je m'agenouillai aux
pieds du patriarche Grégoire : « Lève-toi, cher enfant,
me dit-il, écoute un vieillard et un père pour les
Maronites. Dieu t'a appelé a être prêtre, sache bien
que le devoir d'un prêtre dans le temps présent exige
une connaissance plus étendue, plus complète des
hommes et des choses qu'autrefois; ne perds pas le
temps, précieux pour le travail, et sois utile à ta patrie.

Ciliciens, morts à Bzoumar en odeur de sainteté obtinrent à cette église un nouveau retour à la foi.

Le patriarche illégitime, Kupellian, est venu tout dernièrement s'agenouiller aux pieds de Léon XIII et lui faire sa soumission. C'est avec une indicible joie que le Saint-Père reçut cette brebis revenant au bercail, il lui ouvrit ses bras, le combla de tendresses et lui donna les éloges que méritait son généreux courage.

La vérité a parlé à cette âme droite et pure ; le XIXe siècle a été témoin d'un de ces grands retours à la foi que l'histoire raconte avec orgueil et que l'Église enregistre avec amour.

Le sultan, qui en cette circonstance s'est montré le défenseur du droit des catholiques, reçut de Sa Sainteté une lettre de remercîments, et de félicitation pour sa conduite bienveillante.

LES SYRIENS ET LES JACOBITES

Pendant que l'hérésie d'Entychès continuait ses ravages, un religieux du nom de Jacques Bouradaïe, qui avait usurpé le siège du Rhaa en 541, donna à la doctrine déjà condamnée une nouvelle interprétation. La secte qui suivit son enseignement s'appela *jacobite*; elle se sépara de l'Eglise d'Antioche et commença à avoir des patriarches dans la Syrie et la Mésopotamie.

Les Patriarches n'avaient pas de résidence fixe; en l'année 1155, on les voit pourtant résider dans la montagne de la Phif, près de Mossoul. Parmi les Jacobites, la dissension régna presque constamment de 1364 à 1494. Chaque parti optait pour un patriarche. Cependant, à la fin du xve siècle, tous les chefs de sectes hérétiques se réunirent et résolurent de n'avoir qu'un seul patriarche d'Antioche.

A ce moment, l'Eglise catholique romaine compta quelques conversions; mais, comme la plupart n'ont été qu'éphémères, je ne les signalerai pas ici (Voir Aldor Almanzoum).

C'est au xviie siècle, qu'eurent lieu de sérieux retours à la foi; André Aukhaïdjean commença la conversion d'une grande partie des jacobites. Il avait été lui-même converti par Joseph Pierre, patriarche maronite d'Antioche, et, en 1656 fut sacré évêque des Syriens convertis d'Alep par Jean Pierre Séphraunie, patriarche maronite, qui l'envoya à Alep avec Stéphan Douahi pour l'aider à convertir les jacobites. Le nouvel évêque eut la joie de voir fructifier son apostolat; un grand nombre de jacobites revinrent à la croyance catholique et prirent le nom de syriens catholiques.

En 1662, Aukhaïdjean fut élu Patriarche des nations Syriennes et approuvé par le pape Alexandre VIII. Depuis lors ce siège a toujours été pourvu de patriarches.

Mais la persécution les a chassés de leur résidence; Michel Dionisios Jérui fut le premier obligé de s'enfuir; il vint dans le Liban habiter le couvent de Chaarfé dans le Kasrawan (1757). Ses successeurs y sont resté jusqu'en 1839· Ayant obtenu un firman du sultan, le Patriarche syrien quitta le Liban ; depuis il réside tantôt à Alep, tantôt à Dierbak. Ce contact des deux peuples a servi à les édifier mutuellement. Le Patriarche Syrien, au milieu des maronites à l'abri de toute persécution établit dans sa résidence un petit séminaire, des prêtres y furent instruits, ordonnés et envoyés dans la Mésopotamie afin de convertir les jacobites.

Le séminaire est encore à Kesrouen, et beaucoup des prêtres qui en sortent se mêlent à notre clergé maronite et vivent avec lui très amicalement ; d'autre part, beaucoup de nos prêtres deviennent professeurs dans ce séminaire.

LES COPHTES.

Les Cophtes sont les partisans de Théodose, patriarche d'Alexandrie qui au milieu du cinquième siècle prêcha l'hérésie d'Eutychés.

Les évêques Egyptiens après le retour du concile de Chalcédoine, réunirent tout le clergé et les principaux de la ville pour se choisir un patriarche à la place de Dioscore ; ils nommèrent Proutoure (453). Ils écrivirent au Pape Léon pour témoigner leur soumission et lui rappeler leur persévérance dans la doctrine romaine. Le pape félicita les évêques d'Alexandrie, mais quelques partisans de Dioscore soulevés par Thimothée Nems, religieux d'Alexandrie, renouvelèrent la discorde. Ces factieux refusèrent obéissance à Proutoure, excitèrent des mouvements populaires et parvinrent à chasser le patriarche et à mettre à sa place Timothée Nems.

Le pape Léon déposa cet usurpateur du siège d'Alexandrie, il y revint en 461 ; mais déposé de nouveau, et n'y pouvant plus revenir, il s'empoisonna. Les hérétiques lui donnèrent pour successeur Pierre Mourouck qui fut déposé par le pape Simplicius, mais revint à son siège.

Vers le même temps, une nouvelle division sépara de Rome l'Église d'Alexandrie (voir Aldor Almazoum, page 54). Les Cophtes de cette ville nommèrent un patriarche qui y réside encore. Il a juridiction sur les Cophtes de l'Abysinie, du Thibet et de toute l'Egypte jusqu'à la Palestine.

A plusieurs reprises, l'Église put se réjouir de la conversion des Cophtes, mais hélas ! ces joies n'étaient que momentanées. Les soumissions reçues et acceptées à Rome étaient rétractées presque aussitôt par ces patriarches vacillants qui toujours retombaient dans l'erreur.

On doit pourtant au zèle des PP. Lazaristes, des PP. Capucins et des PP. Franciscains, un petit nombre de conversions. Pour les favoriser, la Propagande reçut dans ses séminaires un lévite indigène, qui fut nommé évêque pour administrer selon leur rit les Cophtes convertis.

LES GRECS UNIS

On sait que Photius a usurpé le patriarchat de Constantinople en 858. Il fut excommunié par le Pape Nicolas I pour avoirenseigné que le saint Esprit ne procède que du Père. Cet hérétique devenu chef de la doctrine d'Eutychès fit embrasser cette nouvelle erreur à toute l'Eglise grecque.

Ce peuple a accepté puis abandonné le schisme quatorze fois. Enfin au concile de Florence (1439), il finit par rentrer dans le sein de l'Eglise romaine; mais la plus grande partie des convertis est de nouveau tombée dans l'erreur; ceux qui sont restés fidèles sont soumis à la *juridiction* des Evèques latins.

A *la suite d'une discussion qui eut lieu en 1723* entre le Patriarche maronite et le Patriarche grec, assisté de quatre de ses évèques, un grand nombre de partisans de l'Eglise grecque en Syrie et en Egypte, embrassèrent la doctrine de l'Eglise romaine. Rome leur donna un patriarche et ils prirent le nom de *catholiques*. On appelle ainsi tous les grecs converti qui sont sous la juridiction du patriarche d'Alexandrie. Ceux qui sont sous celle des évèques latins quelles que soient leur résidence portent le nom de Grecs unis.

Le Pape Grégoire XVI accorda, en 1838, au Patriarche Maximos Mazeloum l'autorisation

de signer comme patriarche d'Antioche, d'A-
lexandrie et de Jérusalem, c'est-à-dire d'avoir la
juridiction sur tous les catholiques convertis du
schisme de Photius, établis dans la Syrie et
dans l'Afrique.

A la fin de ce rapide aperçu on a le cœur
serré en voyant combien de chrétiens de l'Eglise
d'Antioche se sont séparés de l'unité de la foi
pour aller se stériliser dans des schismes
continuels et des querelles sans fin.

CHAPITRE III.

Orthodoxie des Maronites.

Les Maronites comme nous l'avons vu, appartenaient avant de s'être constitués en nation, à l'Église catholique Syrienne ; mais pour n'être point mêlés à cette Église tombée dans le schisme, ils se séparèrent et gardèrent leur foi telle que la leur ont transmise les apôtres. Toujours fidèles au Saint-Siège leur orthodoxie a été reconnue par tous les historiens et louée par un grand nombre de papes.

Les principaux ouvrages que l'on peut consulter à cet égard sont chez les Maronites ceux d'Abraham-El-Aklani, de Gabriel sionite, de Georges Ahmaïra, de Merheje fils de Namrouu, de Stéphane Douahi, d'Alexandre Chypriote, de Monseigneur Assemani, de Pierre Mobarack, de Joseph Stéphane, patriarche d'Antioche et celui de notre patriarche actuel ayant pour titre Aldor Almanzoum.

Parmi les auteurs étrangers on peut citer le

père d'Andini, jésuite, le père Thomas, carme, le père Pricius, capucin, le Père Michel Lequien, dominicain.

Écoutons quelques témoignages des souverains Pontifes : je les prends dans le savant « Aldor Almanzoum » de sa Béatitude Mgr Paul Massad.

Benoit XIV, en 1744, dit aux cardinaux réunis : Vous n'ignorez pas que vers la fin du XVIIe siècle alors que l'hérésie de ceux qui croyaient qu'il n'y a qu'une seule volonté en J.-C. se répandait et corrompait les habitants du Patriarchat d'Antioche, les Maronites pour conserver leur nation pure de toute corruption résolurent de se choisir un patriarche approuvé du Pontife romain et d'obtenir pour lui le Pallium. Les Maronites ont toujours été comme ils le sont maintenant, parfaits catholiques et liés d'une union intime avec le Saint-Siège ; ils ont témoigné un respect, une soumission parfaite au souverain Pontife, et à leur Patriarche. Les archevêques les évêques et toute la nation maronite méritent nos éloges et de tout notre cœur, nous leur accordons ces louanges que nos prédécesseurs leur ont toujours données.

Le Pape Pie IV, en parlant des Maronites les appelle « les milliers qui n'ont pas adoré Baal ». Quoi que entourés d'hérésiarques et de schismatiques, ils sont, dit-il, toujours restés fidèles à l'Eglise Catholique.

Clément VIII félicite les Maronites d'avoir toujours gardé la plus entière soumission à l'Eglise Romaine, mère de toutes les Églises. Paul V les compare à une rose parce qu'ils fleurissent dans l'Orient par une grâce spéciale de Dieu, au milieu des épines des infidèles.

Voici les paroles d'Urbain VIII : « La beauté du Mont Carmel garde toute sa splendeur, la gloire du Liban ne diminue pas, car le patriarche des Maronites, les évêques et le clergé gardent la plus grande vénération pour le saint siége. »

Clément XI s'adressant à notre Patriarche, lui dit : « Votre nation brille devant nos yeux d'une manière étonnante et nous la voyons entourée d'étrangers et tout environnée des ténèbres de l'erreur. »

Dans sa bulle au patriarche Blaouzani (10 juin 1805), il s'exprime ainsi : « Il nous est très doux de parler de cette belle nation maronite qui garde au sein de l'Eglise une excellente réputation; elle se conserve au milieu des ennemis de la religion catholique; elle ne rougit point de l'Evangile de Jésus-Christ, elle s'en glorifie au contraire et garde intacte sa doctrine parmi un peuple incrédule et corrompu. — Et dans sa bulle à la nation maronite, à ses archevêques et évêques, à son clergé et aux principaux du pays : « Nous sommes certains de votre obéissance, vos épreuves nous en ont donné de nombreux témoignages, depuis les plus anciens temps, jusqu'à nos jours. » — Enfin dans sa bulle au Patriarche Jacques Pierre Aouhad (29 janvier 1721), il lui dit : « Notre sollicitude pontificale qui s'étend à toutes les nations du monde, s'applique à votre nation d'une manière toute spéciale malgré son éloignement; nous souhaitons de tout notre cœur à votre peuple un heureux succès. Il est digne de louanges à plusieurs titres, surtout par sa fidélité à conserver la pureté de sa foi. Cette constance lui a valu un grande réputation dans l'Eglise, et il a gardé le précepte de l'apôtre, de ne pas douter de la foi et de ne pas s'incliner aux souffles de l'enseignement des mauvais esprits. Ce peuple est demeuré constamment observateur des lois de l'Eglise catholique et ferme dans les principes de la religion qu'il a reçue de nos prédécesseurs. »

Ainsi, tous les souverains Pontifes nous ont honoré de témoignages précieux qui font la gloire de notre nation, et sont une preuves irréfragable de notre persévérance dans la foi catholique romaine.

Léon XIII, dès son élévation au trône pontifical, a daigné nous honorer aussi d'une lettre écrite à l'archevêque de Beyrouth.

Puisse l'Orient ne point se ralentir dans le mouvement religieux qui semble le ramener à la foi, une, sainte, catholique, apostolique et romaine, et notre pontife Léon XIII avoir la consolation de l'accueillir dans ce retour définitif.

On trouve cependant dans quelques diction-
naires historiques et théologiques et dans quelques histoires ecclésiastiques, que la nation
maronite s'est souillée par l'hérésie des monothélites, mais qu'elle se convertit au catholicisme
en l'an 1182, et depuis lors s'est toujours conservée dans la foi catholique. Tous ces écrivains
ne sont que des copistes de Guillaume de Tyr
qui a copié lui-même Eutichius Saïd-ibn-Batrick.
Mais le savant Pocock qui a publié les ouvrages
et les annales d'Eutychius affirme que cet auteur
s'est très souvent attaché à des fables; c'est
ainsi que dans les quelques lignes qu'il donne
sur Jean Maron, il commet les erreurs les plus
graves. Il le fait vivre sous Maurice qui régnait
cent ans avant lui, et à une époque où le mono-
thélisme n'existait pas encore. Guillaume de
Tyr dit, d'après Eutychius, que ce Maron fut le
chef des Monothélites, mais tous ceux qui s'occupent de l'histoire ecclésiastique savent que
cette hérésie eut pour auteur Théodore Pharan,
Sergius, etc.

Il existe un index des hérétiques, dressé par
Nicéphore, qui vivait cinquante ans après Jean
Maron, un autre de saint Jean Damascène, son con-
temporain et son compatriote, un troisième de
Sophronius né au Liban et patriarche de Jérusalem qui put connaître Jean Maron pendant
cinquante ans et qui a recueilli dans son index
les noms de 200 Monothélites; or dans aucun de

ces trois catalogues nous ne trouvons le nom des Maronites; ceci ne prouve-t-il pas évidemment que les Maronites ne furent pas entachés de l'hérésie monothélite. Saint Jean de Damas et saint Sophronius étaient trop ardents contre les hérétiques pour en oublier un seul, et trop voisins des Maronites pour ne pas savoir s'ils étaient catholiques ou non.

Une autre considération nous conduit à la même conclusion : l'hérésie monothélite excitait beaucoup de troubles et d'agitations ; grand nombre de conciles furent tenus contre elle. Sophronius en assembla à Jérusalem en 634 et en 640; un autre fut tenu à Chypre en 643; en 648, le pape Théodore en convoqua un à Rome qui ne fut réuni qu'en 649 à Latran par Martin Ier; sous le pape Agathon, nouveaux synodes, entre autres celui de Lyon; enfin, en 680, le sixième concile œcuménique est réuni à Constantinople. Dans tous ces conciles les Pères, à plusieurs reprises, se levèrent tous ensemble, s'écriant anathème à tel hérétique, et excommunièrent ainsi un nombre considérable de monothélites. Jamais le nom de Jean Maron ou des Maronites ne fut mêlé aux actes des conciles.

Un tel ensemble de témoignages suffit pour convaincre tout homme de bonne foi de la constante orthodoxie de l'Eglise maronite.

CHAPITRE IV

Hiérarchie.

Le premier apôtre du Liban est Notre-Seigneur Jésus-Christ. Après l'ascension de son maître, saint Pierre sacra les premiers évêques de Tyr, Sidon et Tripoli. Ceux d'Arca, Biblos, Beyrouth et Damas furent sacrés par les disciples des apôtres; l'un deux, Ananias, premier évêque de Damas, baptisa saint Paul.

Nous avons dit que l'Eglise d'Orient comptait quatre sièges patriarcaux; chaque siège avait un patriarche, des jateliks, des métropolitains et des évêques. Les évêques étaient soumis aux métropolitains, les métropolitains aux jatelicks et aux patriarches.

Le patriarche avait sous sa juridiction toutes les provinces qui dépendaient de son siège; les jatelicks n'avaient de pouvoir que sur quelques provinces du siège patriarcal; les métropolitains n'avaient la juridiction que d'une seule province, et l'évêque n'avait de pouvoir que sur son diocèse.

L'hérésie et l'islamisme ont fait de l'Orient un amas de ruines ; on n'y trouve plus de contrées aptes à recevoir une administration régulière Cet état fait dire au concile libanais (page 332) que les limites des provinces et des diocèses du siège d'Antioche ayant été détruites par la domination des infidèles et la ruine de pays entiers le patriarche possède à lui seul les pouvoirs de patrick, jatelik, et métropolitain. Le jatelik n'existe plus que dans les lois canoniques, et le métropolitain ne conserve de sa charge que le titre honorifique qui le place avant les évêques.

« C'est pourquoi, dit encore le concile, nous ordonnons qu'au Patriarche seul appartiennent désormais toutes les juridictions qu'avaient autrefois les archevêques, jusqu'à ce que notre siège d'Antioche ait retrouves sa première gloise et son union primitives. Alors les Jatelicks et les métropolitains rentreront en possession de leur ancienne juridiction ».

Ce fut un concile national réuni en 1735, présidé par un délégué du Saint-Siège et approuvé par le pape Grégoire XIII en l'année 1737, qui organisa les hiérarchies ecclésiastiques pour le peuple maronite Il établit cet ordre décroissant : patriarche, évêque, chorévêque, grand prêtre, bardioute et prêtre.

CHAPITRE V

Election et juridiction du Patriarche.

Quand un patriarche meurt, les deux évêques vicaires envoient des lettres de faire part à tous les archevêques et évêques maronites. Le corps du défunt reste exposé trois jours, pendant lesquels on célèbre l'office des morts selon le rit maronite. Après les obsèques, on s'occupe de l'élection du nouveau patriarche. Les évêques se réunissent, ils choisissent trois prêtres, deux pour être secrétaires du concile et le troisième pour être portier avec les deux laïques, choisis dans la nation. Deux évêques sont nommés pour l'examen des suffrages. Le lendemain, l'archevêque qui préside la réunion, dit la Messe ; le prédicateur monte en chaire et exhorte l'assistance à implorer le Saint-Esprit afin que le choix qui va se faire tombe sur un prélat digne d'un si haut rang.

On congédie le peuple, on ferme les portes de l'Église que gardent au dehors le prêtre et les deux laïques désignés. On place l'évangile sur l'autel; au milieu du chœur est une table sur laquelle est déposé un calice servant à contenir les suffrages.

Autour de la table prennent place l'archevêque président, les deux évêques chargés du scrutin et les deux secrétaires : ces deux derniers n'ont pas droit de vote et prêtent serment au président du concile de garder le secret des bulletins. Sur des sièges préparés à l'avance, se placent les archevêques et les évêques, ils déposent leurs votes deux fois avant midi et deux fois après.

Le candidat, pour être élu, doit réunir les deux tiers des suffrages. Après les votes nuls, chaque votant se retire dans sa chambre et demande à l'Esprit-Saint de nouvelles lumières. Le lendemain on procède de même jusqu'à ce que l'élection soit faite.

L'archevêque président proclame à haute voix le nouveau patriarche, en disant : « Très vénérés frères, après avoir examiné les suffrages, nous avons trouvé que le concile a choisi le très vénéré Seigneur..... pour être notre Père et notre patriarche. C'est pourquoi, moi..... au nom de ce concile en vertu du pouvoir que j'ai reçu de vous tous, je déclare et je publie que le très vénéré Seigneur..... est choisi pour être Père et patriarche de vous tous et de toute la nation maronite. »

Après cette déclaration, le président et les quatre évêques qui l'assistent se présentent au nouvel élu; ils se mettent à genoux et prononcent ces paroles : « Le Saint-Esprit vous a choisi pour être le patriarche d'Antioche dans toute l'étendue de ce siège, » ce à quoi il répond : « Je consens et obéis. » On le revêt de la chape, on le couvre de la mitre et, la crosse en main, il s'assied sur le trône qui lui est préparé.

Les évêques viennent lui baiser la main, et les prêtres se jettent à ses pieds. On ouvre la porte de l'Église, le président annonce le nouveau patriarche au peuple qui se presse pour lui baiser les mains et les pieds, et l'on entonne le psaume XIXe.

Le patriarche donne la bénédiction et l'absolution au peuple.

On fait parvenir à Rome le résultat de l'élection, le pape envoie le pallium au patriarche qui entre alors en possession du pouvoir tel qu'il lui est conféré par l'Église. Nous en ferons connaître suffisamment l'étendue en indiquant les principaux actes de sa juridiction.

Le patriarche choisit et élit lui-même les archevêques et les évêques, donne aux premiers le pallium et reçoit leur serment d'obéissance à l'Église romaine et à sa personne. Il résout les difficultés qui peuvent surgir entre les prélats, il écoute les plaintes des évêques contre les archevêques, du clergé et des laïques contre les évêques. Il peut changer ces derniers de siège selon les besoins de l'Église et juger toutes les affaires importantes qui lui sont soumises. C'est au patriarche de veiller à l'intégrité de la foi dans son patriarchat, de visiter ou d'envoyer un délégué à tous les archevêques et évêques; il peut aussi réunir un concile, le présider et doit punir ceux qui sans raison refuseraient d'y assister.

Il peut encore édicter des règlements disciplinaires qui obligent les archevêques et les évêques. Enfin il a le droit de réserver des cas, d'accorder toutes les dispenses, comme aussi de désigner les fêtes chômées et d'ordonner des abstinences obligatoires. La dispense des quatre jeûnes de l'Eglise orientale lui est encore réservée en cas de famine, de peste ou de malheurs publics.

C'est le patriarche qui examine et règle la liturgie et le cérémonial. Il peut se réserver la célébration de quelques-unes des cérémonies, comme la consécration des saintes huiles le jeudi saint; il peut même concéder à des prêtres le pouvoir de consacrer des églises et des autels, de donner la confirmation, de porter la mitre et la crosse et d'accorder les ordres mineurs.

Notre concile donne tous ces pouvoirs et plusieurs autres au patriarche; mais il lui conseille

de s'adjoindre un concile d'archevéques et d'é-
véques pour les affaires importantes, et d'en
prévenir le Saint-Siège. De leur côté, les archevéques et évêques ne doivent rien faire d'im-
portant dans leur diocèse sans avoir au préa-
lable pris l'avis du patriarche.

Grâce à Dieu, depuis la fondation du patriarcat maronite jusqu'à nos jours, ce pouvoir a
toujours été exercé avec une prudence et une
sagesse digne de tous éloges.

CHAPITRE VI

Ordination du Patriarche.

Au jour désigné, dès l'aurore, les archevêques et les évêques se réunissent à l'église, chantent Prime et revêtent le patriarche de la chape. L'assistance s'agenouille et l'archevêque chargé de l'ordination dit à l'élu : « Le Saint-Esprit vous appelle à être patriarche sur la ville de Dieu, Antioche, sur ses pasteurs, sur son siège apostolique et à être père de nous tous. »

L'ordinand se met à genoux et dit : « J'obéis et j'accomplis les commandements apostoliques et les décrets des saints conciles. »

L'archevêque dit la messe ; après la communion on enlève la chape à l'ordinand, qui reste debout devant l'autel, entouré de tous les évêques et archevêques, qui lui imposent les mains et récitent la prière : *Veni sancte Spiritus*. Ils lui donnent la crosse que tous ont touchée, lui prennent les mains, qu'ils posent sur les leurs, et récitent les prières de la rubrique.

Après la lecture de l'épitre et de l'évangile, on remet à l'ordinand la formule de son serment écrite de sa main ; il en fait la lecture à haute voix à gauche de l'autel, et en se tournant vers le peuple. L'ordinant est alors présenté par deux évêques au prélat chargé de l'ordination et se met à genoux devant lui. Celui-ci lui impose les mains ; chaque prélat en fait autant en ouvrant l'évangile. L'archevêque récite des prières qui commencent ainsi : « Seigneur qui as créé les cieux par la force, » etc. Puis il fait avec la croix pastorale et à trois reprises différentes le signe de notre rédemption sur le front du nouveau patriarche en disant : « Un tel est consacré patriarche dans l'Eglise de Dieu. »

On le revêt des vêtements pontificaux, on lui présente une sorte de trône sur lequel il s'assied, et trois fois il est soulevé par les archevêques et les évêques à qui cet honneur est réservé.

L'archevêque lui remet la crosse que tous tiennent d'une main en disant : « Le Seigneur de Sion envoie la verge de la force, afin que vous dominiez tous nos ennemis (Ps. CIX). La cérémonie se termine par le baiser de paix.

Le Patriarche bénit trois fois les archevêques et les évêques avec la crosse, il bénit aussi le peuple réuni à ses pieds et donne la communion à ceux qui désirent la recevoir.

CHAPITRE VII

**Election et Juridiction de l'Archevêque
Sa Consécration.
Juridiction du grand Prêtre, du Chorévêque
du Bardioute, leur ordination.**

Lorsqu'un diocèse a perdu son archevêque ou
son évêque, c'est au patriarche de le gérer et
de lui donner son chef le plus tôt possible.

Le patriarche n'ordonne pas un évêque sans
demander des prières à tout le diocèse, et, suivant un ancien usage, il laisse au clergé et aux
principaux laïques, le choix du nouvel archevêque.

Le patriarche examine l'élu qu'on lui propose,
il l'accepte, s'il offre des garanties suffisantes de
savoir et de vertus, mais s'il ne juge pas le choix
bon, c'est à lui d'en faire un autre.

Après avoir pris l'avis de quelques évêques de
son patriarcat, il sacre le nouveau prélat. L'un

et l'autre après la cérémonie en informent le Saint-Siège.

La consécration de l'archevêque est faite par le patriarche, qui, accompagné de deux évêques, conduit derrière l'autel l'ordinand qui lui baise la main en disant : « Bénissez-moi, Seigneur. » Après l'avoir béni, le patriarche lui met sur la fête le capuchon que porte tout évêque maronite, lui donne l'aube, le cordon, l'amict, l'étole, deux manipules et la chape ; puis, s'inclinant devant lui, il dit : « Le Saint-Esprit vous appelle à être archevêque ou évêque de telle ville.

L'ordinand à genoux devant le patriarche lui dit : « J'obéis et j'accomplis les commandements apostoliques et les décrets du concile. »

Le Patriarche fait trois fois le signe de la croix sur le front du nouveau prélat et récite les prières indiquées dans la rubrique. On les conduit tous deux au maître-autel, où ils commencent la messe. C'est seulement après la communion qu'a lieu la consécration. Le nouvel évêque fait la lecture de son serment. Alors un des évêques présente l'ordinand au patriarche, devant qui il se met à genoux. Le Patriarche et es deux évêques assistants lui posent la main sur la tête et récitent les prières prescrites, ainsi que le chapitre x de l'Évangile selon saint Jean. Les prières finies, le Patriarche remet les saintes huiles à un des évêques assistants, l'Evangile à un autre, et deux croix entre les mains de l'ordinand. On fait ensuite une procession dans l'intérieur de l'Eglise. Ces cérémonies se répètent trois fois; après la dernière, le Patriarche oint par trois signes de croix la tête et les mains du nouvel évêque et lit l'évangile de saint Jean : « En vérité, en vérité je vous le dis : celui qui n'entre pas par la porte, etc. » (ch. x).

On lave les mains et la tête de l'ordinand : il se met à genoux devant le Patriarche qui le signe trois fois au front en disant : *Un tel évêque est ordonné dans l'Eglise de Dieu.*

L'ordinand s'assied, on le revêt de la chape et de la mitre; le Patriarche le montre au peuple en disant : « Gloire et honneur! » les prêtres l'élèvent trois fois au dessus de terre; le Patriarche lui remet la crosse, et les cérémonies se poursuivent sans nouveau rite spécial. Dans l'Eglise orientale les auxiliaires de l'Evêque ont une juridiction restreinte sur le clergé et les fidèles. Dans les villes et les villages ils peuvent l'exercer selon le titre qu'ils portent. Chaque évêque peut avoir dans son diocèse un grand prêtre, un bardioute et plusieurs chorévêques.

Le titre de ces trois dignitaires est permanent, puisqu'ils le reçoivent par l'imposition des mains. Le grand prêtre demeure dans la ville épiscopale, il doit surveiller le clergé de la ville et les fidèles sous les ordres de l'évêque. Pendant l'absence du chef du diocèse, il peut porter deux croix, la mître et la crosse dans les cérémonies ecclésiastiques. Il peut donner la confirmation, consacrer les églises et les fonts baptismaux.

Le bardioute est un visiteur général de tous les diocèses; il s'informe de la conduite de tous les prêtres, est chargé des affaires temporelles des églises, veille à la conservation de la concorde entre les fidèles, et instruit l'archevêque de tout ce qui intéresse le diocèse. Pendant les cérémonies, il a le droit de porter une croix à la main, la mitre et la crosse; il donne la confirmation, consacre les églises et les fonts baptismaux.

Le chorévêque réside à la campagne, il gouverne les principaux villages du diocèse; il a la juridiction sur tout le clergé et les églises qui se trouvent dans les limites de sa résidence. Il peut encore conférer avec l'autorisation du patriarche les ordres mineurs, et dans toutes les cérémonies il porte deux croix à la main, la mitre et la crosse.

Le prêtre, les diacres, les sous-diacres, etc., ont les mêmes fonctions qu'en Europe.

Les cérémonies de l'ordination du chorévêque, diffèrent de celles de l'évêque, en ce que l'imposition des mains peut être faite par un seul prélat, et qu'il n'est pas oint des saintes huiles. Ainsi, l'évêque est consacré, tandis que le chorévêque reçoit ses pouvoirs par une simple cérémonie ecclésiastique. Il en est de même du bardioute et du grand prêtre. (Voir le Concile libanais, pages 207 à 252, où se trouve le cérémonial non abrégé des ordinations depuis le lecteur jusqu'au patriarche.)

Le titre que l'usage a consacré pour chacune de ces dignités, est pour le patriarche : *Béatitude*, pour les évêques et archevêques : *Grandeur*, pour le chorévêque, le bardioute et le grand prêtre : *Monseigneur*, car on emploie dans les langues syriaques le mot *mor*, qui veut dire Seigneur, et dans la langue arabe *saïd*, qui a le même sens. C'est le titre que les Musulmans donnent à tout chef de la religion. *saidi* veut dire Monseigneur, l'*i* étant le pronom possessif *mon*.

Quant aux ordinations du lecteur, du psalmiste ou chanteur, de l'aboudiaconos ou sous-diacre, du diacre et de l'archidiacre, à peu de chose près, elles ressemblent à celles de l'Église latine. En Orient, l'aboudiaconos joint à la fonction de sous-diacre, celle d'acolyte et de portier, et le lecteur, celle d'exorciste.

CHAPITRE VIII

Ordres religieux. — Anachorètes. — Missionnaires.

Il y a trois sortes de religieux maronites : les Baldaïtes, les Alipéens et les religieux de saint Isaïe; tous suivent la règle de saint Antoine du désert.

L'ordre des Baldaïtes a commencé en 1695, il fut fondé dans le couvent de sainte Mourra à Eden, non loin des cèdres du Liban; les règlements ont été approuvés par le patriarche et le Saint Siège en 1732.

Cet ordre avait pour but de s'occuper de travaux intellectuels et manuels; il reçut dans son sein un grand nombre de sujets maronites; aussi ne tarda-t-il pas à grandir et à se propager dans tout le Liban. Ces trappistes de l'Orient consacraient la nuit à la prière et le jour à défricher cette terre rocailleuse et inculte; le sol le plus productif est celui qu'ont cultivé ces laborieux religieux.

En 1770 les Baldaïtes comptaient parmi eux un certain nombre de religieux natifs d'Alep, une légère dissension les fit se résoudre à se diviser en deux parties ; ils s'assemblèrent en 1778 au couvent d'Arissa dans le Kasrawan, en présence du Patriarche Joseph Stephan et du révérend Fra Louis, Père gardien et vicaire général des Franciscains de la Terre-Sainte. — Ils formèrent deux ordres, dont l'un prit le nom de Baldaïtes c'est-à-dire du pays, et l'autre celui d'Alipéens, c'est-à-dire d'Alep. Le pape Clément IV a approuvé cette séparation et donné aux uns et aux autres un supérieur général indépendant.

En 1673 le Patriarche Gabriel Plausani fonda l'ordre de saint Isaïe, du nom du monastère où il l'établit. Ces religieux qui suivent la règle de saint Antoine du désert furent approuvés par le Saint-Siège en 1740.

Le pays tout entier a profité des exemples de dévouement et de charité donnés par ces bons religieux. Leurs maisons toujours ouvertes aux malheureux donnaient le pain quotidien à tous ceux qui venaient le leur demander. Ils ne furent jamais ni riches ni pauvres ; les productions de la terre, fruit de leurs fatigues et de leurs sueurs suffisaient à nourrir jusqu'à quinze cents cénobites.

Ces trois ordres comptent aujourd'hui quarante couvents et seize cents religieux.

Ils ont tous des missions à l'extérieur et dans

quelques villes du Liban; leurs principaux monastères sont à Chypre, à Jaffa, au Caire, à Port Saïd, à Djebaïl, à Baalbeck, à Zallé et à Dalkmar; partout ils desservent les paroisses maronites.

En 1707, le pape Clément XI accorda au P. Gabriel Ahouad, Maronite, une résidence à Rome; ce couvent est devenu en 1725 un collége soumis à des règlements qu'approuva Clément XII. Ce collége a été vendu en 1742 par ordre de Benoît XIV pour acheter un autre emplacement près de Saint-Pierre aux liens.

Le collège est dirigé par des prêtres alipéens; son supérieur est souvent nommé par le patriarche procureur général de la nation près le Saint-Siège. C'est dans ce collége que viennent les jeunes Maronites qui veulent suivre les cours d'enseignement de la Propagande. Plusieurs d'entre eux revenus au Liban s'en font les apôtres. Le supérieur actuel, procureur de la nation, est un élève des cours de la Propagande.

Ce révérend père nommé Gabriel Gardaïe a été appelé à cette charge en remplacement de Mgr Ambroise d'Aroni. Le choix ne pouvait être plus heureux : ce vénéré père n'est pas moins remarquable par sa haute vertu que par sa profonde science et la largeur de vues dont il fait preuve dans tous ses ouvrages. Le collége est chargé de dettes; mais une fois qu'il en sera dégrevé, il prendra sous cette administration prudente et sage un nouvel essor et se complétera probablement par l'adjonction d'une académie orientale.

Une légère dissension est survenue chez les religieux du Liban, d'une vertu si éprouvée et d'une vie si austère : leurs monastères sont pour la plupart fort endettés par suite de mauvaises récoltes de vers à soie; ils sont de plus en mésintelligence pour l'élection d'un supérieur général, et il en est résulté un peu de relâchement dans la culture des propriétés. Les efforts tentés par le Patriarche et la sacrée Congrégation pour réconcilier les deux partis, ne resteront probablement pas infructueux, et l'on peut espérer que les religieux se résoudront prochainement à un accord que leur dicte le plus pressant de leurs besoins, celui de payer leurs dettes.

Il y a encore d'autres sociétés religieuses d'hommes qu'on appelle *abad*, c'est-à-dire *dévots*. Ils sont soumis à la juridiction de l'évêque du diocèse et desservent les paroisses isolées qui n'ont pas de prêtres et se trouvent assez près de leurs monastères.

Les communautés de femmes suivent aussi les règles de saint Antoine; elles récitent le jour et la nuit l'office en syriaque, s'occupent à l'élevage des vers à soie pendant le temps favorable, et ne vivent que de ce médiocre revenu; le reste de l'année, elles s'adonnent à la vie contemplative.

3.

Le couvent d'Antoura a pour règlements ceux de la Visitation, et les religieuses s'occupent de l'éducation des jeunes filles.

Il y a dix-huit couvents de religieuses maronites, avec dix-huit cents religieuses.

Les hommes portent la chemise de toile, le caleçon noir et une robe qu'ils tissent eux-mêmes ; elle est en laine ou en poils de chèvre noirs et de forme ronde ; elle s'ouvre du col à la ceinture ; les religieux portent encore un capuchon, une ceinture de cuir et un manteau noir, de même étoffe que la robe.

Ils ne quittent jamais le manteau, si ce n'est pour se mettre au lit. Ils sont chaussés de sandales et portent rarement des bas. Les femmes portent aussi du linge ; elle sont vêtues d'une robe noire à manches étroites, serrée à la taille par une ceinture de cuir ; elles ont un bandeau de laine noire sur le front, et un voile noi , qui tombe jusqu'au-dessous des yeux, recouvre et cache leur petite coiffe. L'hiver, elles portent un petit manteau et sont en tout temps chaussées de sandales.

Le Liban possède aussi quelques anachorètes. Des religieux, appelés à une vie de haute contemplation, obtiennent du Patriarche et de leur supérieur la permission de quitter leur communauté pour vivre isolés dans des cellules, situées à peu de distance des monastères.

Leur cellule, une chapelle et un petit coin de

terre qu'ils défrichent, sont toute la fortune de ces ermites, qui vivent de racines et mènent une vie très-austère. Le peuple ne les voit que quand il va leur demander des prières. Les ermites sont peu nombreux ; il est à craindre que bientôt même ils cessent d'exister, et ne soient plus pour les siècles futurs qu'un sujet de pieuses légendes.

MISSIONNAIRE

En 1840, le Patriarche changea le collége maronite d'Antura en une maison de missionnaires. Ces missionnaires allaient annoncer la parole de Dieu et donner des retraites dans tous les diocèses ; mais l'absence de sujets fit péricliter cet établissement. Cependant, en 1863, un prêtre maronite distingué du nom de Jean Abib ayant été nommé par le gouvernement chef du tribunal civil du Liban, songea à reconstituer la mission maronite. Il quitta ses fonctions, vendit ses propriétés et acheta un couvent appartenant aux Arméniens ; c'est là qu'avec le consentement du Patriarche, il planta les premiers jalons de son œuvre. Dieu bénit ses efforts, et déjà quinze disciples l'entourent ; ils sortent des rangs du clergé le plus instruit, et se dévouent à l'enseignement et à la prédication. Ces missionnaires sont réclamés dans tous les diocèses ; ils les parcourent deux à deux pour les besoins du ministère. Sa Béatitude Mgr Paul Massad a félicité ce vaillant travailleur et lui a confié toutes les propriétés qui appartenaient à l'ancienne mission.

En 1866, voulant lui donner un nouveau témoignage de sa haute estime, Sa Béatitude le choisit pour l'accompagner à Rome. Le cardinal Barnabo, préfet de la Propagande, a approuvé cette mission et beaucoup encouragé le fondateur. Le cardinal Siméoni, préfet actuel, garde envers les missionnaires les mêmes sentiments d'estime et de bienveillance.

Déjà Mgr Debs a employé un certain nombre de ces missionnaires à la direction de son collége et de son séminaire, les autres archevêques en demandent au fur et à mesure qu'ils ouvrent leurs petits séminaires.

CHAPITRE IX

Dialectes.

Avant l'arrivée des Arabes en Palestine et en Phénicie, la langue de ces pays était le syro-chaldéen ; le patriarche Paul Massad, dans son savant ouvrage (p. 4), dit que les Hébreux nés à Babylone pendant la dernière captivité, ne parlaient à leur retour en Judée que le syro-chaldéen, les Chaldéens les ayant obligés à apprendre leur langue. Cette assertion est confirmée par le savant Ananouis-Almonetassar. Jean Augustin, dans son ouvrage géographique sur l'Ecriture sainte, s'exprime ainsi : « Quand Cyrus, roi de Babylone, donna aux Hébreux la permission de retourner dans la Judée, Zorobabel se mit à leur tête pour revenir à Jérusalem ; dès qu'ils y furent arrivés, ils fondèrent deux établissements d'éducation pour y enseigner la langue qu'ils avaient apprise. »

Bergier, dans son dictionnaire théologique, dit que l'Eglise syriaque gouverna, pendant les quatre premiers siècles, tout le peuple qui parlait le syro-chaldéen. Cette langue se parlait en Syrie et dans une partie de l'Arménie. (Consulter le commentaire de Cornélius à Lapide ; Georges Oumaïra dans la préface de sa grammaire syriaque imprimée à Rome en 1596; Joseph Assemani, dans sa *Bibliothèque orientale* chapitre II page 9).

Bellarmin dit qu'on appelait la langue syriaque langue hébraïque parce qu'elle était parlée par les Hébreux et écrite en caractères hébraïques. On ne peut douter que les apôtres, étant Hébreux, n'aient parlé cette langue.

Les paroles qui nous sont rapportées dans l'Evangile : *Eli Eli lamma sabactani*, comme prononcées par Notre-Seigneur sur la croix (Math., XXVII, 46), sont syriaques ; aussi les savants modernes doivent-ils reconnaître avec toute la tradition que le premier Évangile a été écrit en cette langue. C'est en cette langue aussi que les apôtres ont commencé à prêcher, que saint Jacques a écrit la première liturgie, que les premières messes ont été célébrées à Jérusalem et que les savants syriaques ont écrit la philosophie, la théologie, la géométrie, l'histoire, la littérature et les sciences.

Cette langue n'est plus que liturgique ; dans le Liban, il y a à peine cent ans qu'elle a cessé

d'être usitée. A peine retrouve-t-on dans le nord
de Damas quelques villages qui la parlent, mais
elle est très corrompue. Aujourd'hui on parle
dans tout le pays l'arabe et ses différents dia-
lectes.

CHAPITRE X

L'Eglise du Liban.

Le Liban est divisé en sept provinces ecclésiastiques, qui sont : Chouf, avec Tyr et Sidon
pour ville archiépiscopale ; Maten, ayant pour
ville archiépiscopale Beyrouth ; Kataa ayant Chypre ; Kesroïn a Damas ; Kesroïn et Fetouch ont
Balbeck ; Djebaïl et Batroun sont administrées
par le patriarche ; Zaouiez a Tripoli de la Syrie
pour ville archiépiscopale.

L'archevêque de Tyr et Sidon réside à Daïr-
el-Kamar, et sa juridiction s'étend sur tous les
Maronites de Palestine, de l'Anti-Liban et sur
tout le sud-ouest du Liban.

L'archevêque de Beyrouth a sa résidence à
Beyrouth.

L'archevêque de Chypre a sa résidence à Kor-
natchnouan.

L'archevêque de Damas a sa résidence à Antoura.

L'archevêque de Balbeck et Fétouch réside à
Aramoun.

La province de Djébaïl et Batroun a le patriarche d'Antioche, qui a deux résidences, une d'hiver à Diman, près des cèdres de Liban, l'autre d'été à Belkurcki au milieu du Kasrawan.

L'archevêque de Zaouiez réside à Saint-Jacques.

Il y a un huitième archevêque à Alep. Les évêques suffragants ont été supprimés, le nombre des catholiques n'étant plus assez considérable. ·

Chaque diocèse compte à peu près cent dix villages érigés en paroisses; c'est donc au moins 160 prêtres que doit avoir à sa disposition l'archevêque pour la bonne administration de ses diocésains, les villes et quelques villages nécessitant des vicaires.

Ces prêtres, comment sont-ils recrutés? le nombre des séminaires n'étant pas suffisant, les archevêques désignent dans leurs diocèses respectifs trois ou quatre prêtres, les plus instruits, les plus intelligents, pour instruire les jeunes gens qui ont la vocation ecclésiastique. Un des vicaires généraux est nommé examinateur des élèves qui ont étudié pendant quatre ans la théologie morale, la langue syriaque et le cathéchisme de Bellarmin. ·

Dans la langue arabe il n'existe d'autre théologie que celle du père Antoine, faite à l'époque où le jansénisme semblait prendre de la consistance. On sait combien cette secte affectait le rigorisme dans la pratique des conseils : cette sévérité excessive est et devait être dans la théologie du père Antoine pour que les vrais catholiques ne se laissassent point égarer par l'erreur, en sorte que, grâce à l'usage qu'on fait de ce livre, le clergé maronite est, pour tout ce qui tient à la morale et aux bonnes mœurs, d'une parfaite, pour ne pas dire d'une excessive régularité. Au reste, avant de les admettre au sacerdoce et pendant les trois ans d'examens que doivent subir les candidats, leur conduite passée est soumise à l'enquête d'un supérieur ecclésiastique ; s'il est prouvé qu'une faute légère ait été commise par l'un d'eux, eût-elle eu lieu pendant la jeunesse du jeune lévite, il n'est pas admis. Aucun examinateur n'a, que je sache, usé de tolérance.

Il est fâcheux d'entendre parfois des personnes malveillantes attribuer au clergé maronite une ignorance honteuse et une tolérance coupable à cet égard.

Nos prêtres sont presque tous formés et instruits chez d'autres prêtres préposés à leur soin, ils ignorent le latin ; l'étude des dogmes, de la philosophie, de la littérature leur est inconnue, excepté à ceux qui ont étudié dans les séminaires ; leur bibliothèque, il y a quelques années, n'était composée que d'une théologie morale, du catéchisme et de livres liturgiques. Actuellement nous devons au dévouement des PP. Jésuites et de Mgr Debs la fondation d'imprimeries qui ont déjà fourni au clergé une quantité de livres spirituels traduits des langues européennes. D'ailleurs, la science était alors d'un besoin moins urgent qu'aujourd'hui, nos contrées n'ayant pas à se défendre des attaques que lui font subir de nos jours les ennemis de la foi et de la morale catholiques. Les fidèles croyaient à l'Église et à ses dogmes tels qu'ils nous ont été transmis depuis les apôtres, et ils n'avaient jamais eu à les expliquer ou à répondre à des objections faites contre ces vérités fondamentales.

Le prêtre n'a pas de revenus. Le gouvernement ne donne rien, et l'archevêque n'a rien à payer. Le casuel se compose, après la récolte des vers à soie, d'une ou deux onces de cocons que chaque fidèle envoie au prêtre pour deux messes dont l'une devra être dite à l'intention de la famille. Si dans une année d'abondance on récolte un peu de blé, la part du curé est d'un boisseau. Mais des disettes et la maladie des vers à soie ayant anéanti toute la prospérité du pays, les prêtres sont plus pauvres qu'ils ne l'ont jamais été ; ils ne pourraient vivre, s'il ne devaient à la charité des évêques français quelques honoraires de messes.

Et les églises ?... Ah ! si le Dieu qui vit le jour dans la crèche et vécut artisan, est bon pour ceux qui, pauvres, sont encore grands et vertueux, ses munificences viendront bientôt rendre à l'église du Liban un peu de son ancienne splendeur.

L'église du village est construite par tous les fidèles valides sans exception. A cet effet, après les labeurs du jour, et le dimanche après l'audition de la sainte Messe, la population se rend au lieu où doit s'élever l'édifice, on en jette les fondements : hommes, femmes et enfants y travaillent; peu à peu le monument sort de terre, et quand il est à son complet achèvement, alors seulement le Maronite se repose en venant y prier.

Le mobilier nous est donné par les dames françaises associées à l'Œuvre apostolique, et les frais du culte, bien modestes, hélas! puisqu'ils se composent de l'achat de quelques bougies allumées pendant la messe et la bénédiction de la sainte Vierge, sont couverts par les personnes qui meurent sans enfants et qui lèguent à cette intention quelques mûriers de leur propriété. C'est à peine suffisant, et l'on comprendra sans peine cette pénurie quand on saura que le revenu approximatif de chaque famille qui possède un revenu, ne dépasse pas 100 à 150 francs par an.

Si le clergé est pauvre et les églises modestes, les écoles ne sont pas plus prospères.

Cent dix paroisses nécessitent au moins autant d'écoles pour les enfants des deux sexes; plus de la moitié n'en ont pas. Les prêtres de ces villages ne peuvent voir sans une profonde tristesse, plongés dans l'ignorance des premiers éléments, une multitude d'enfants sur lesquels repose la prospérité future de leur patrie; aussi, pour y remédier, plusieurs s'érigent-ils en maîtres d'école.

Il le faut bien! Comment vaincre la misère, qui est un des fruits de l'ignorance, si l'on n'extirpe cette ignorance? Comment prémunir, sinon par ce moyen, des âmes qui, voyant apparaître l'erreur revêtue du manteau de la vérité, n'auront pas sans cela assez de sûreté de jugement pour la reconnaître et l'exclure comme elle le mérite?

Le protestantisme introduit dans le pays un évangile mutilé; il y propage une liberté qui, mal comprise, ferait de la famille ce qu'il a voulu faire du catholicisme : un arbre stérile, un arbre condamné à périr.

« Nous sommes venus annoncer au peuple la bonne nouvelle, disent les ministres protestants à *nos populations des montagnes*, la nouvelle de la liberté donnée à tout homme de chercher et de croire; réjouissez-vous, il y a quelques années vous étiez tenus de suivre la religion que vous avaient enseignée vos pères et vos grands pères, maintenant vous pouvez juger s'ils vous conduisaient à l'erreur; l'âge d'or s'est levé où chaque homme est libre de suivre la lumière de sa raison. » En deux mots : croyez ce que vous voudrez.

Le peuple, qui ne sait pas discuter avec ces théoriciens, s'est effrayé de ce langage. Ayant su que ces apôtres d'une nouvelle doctrine étaient protestants et que leurs prêtres n'avaient pas une instruction assez étendue pour soutenir la réplique, nos braves montagnards se sont contentés d'inviter les mécréants à les laisser tranquilles dans la foi de leurs ancêtres. Quand des plaintes furent portées à l'autorité contre ces villages entêtés, les habitants répondirent simplement : « Ces messieurs sont venus nous enseigner la liberté, librement nous les avons priés de s'en aller. »

Dans les villages mixtes les sectes schismatiques les ont accueillies. Il est à craindre, hélas ! que de ces centres l'erreur ne gagne nos bons catholiques et que leur fermeté ne faiblisse un jour, sourdement minée par les insinuations spécieuses et souvent répétées de ces apôtres de l'erreur.

Nous l'avons vu, l'ignorance du peuple est une conséquence de celle du clergé; il faut, pour réagir contre la première, empêcher la seconde et pour obtenir ce résultat donner des prêtres instruits aux peuples du Liban.

Par une rapide revue des écoles, collèges et séminaires, rendons-nous compte de l'état actuel et de ce qui reste à faire pour achever et perfectionner le bien commencé.

Quelques villes possédant des familles aisées

sont assez heureuses pour avoir quelques écoles établies sur le modèle de celles de l'Europe; le même cours d'enseignement y est adopté.

Dans le diocèse de Tripoli, outre les écoles fondées par les soins de l'archevêque, il y en a deux autres dirigées par les fils et les filles de Saint-Vincent de Paul et les Franciscains.

Dans le diocèse de Balbeck, outre les écoles indigènes, il y en a deux à Gazir que dirigent les RR. PP. Jésuites et les Capucins; à Beyrouth, outre les nombreuses écoles entretenues aux frais de Mgr Debs, les dames de Nazareth et celles de Saint-Joseph de l'Apparition ont des pensionnats; les sœurs de Saint-Vincent de Paul sont à la tête d'un orphelinat, le premier qui ait été fondé dans le Liban. Les Pères Jésuites et les PP. Franciscains dirigent des écoles pour les garçons.

Dans le diocèse de Damas, il y a des écoles indigènes et une autre que dirigent les sœurs de Saint-Vincent de Paul.

Avant mon départ, une association de filles maronites s'est formée pour se dévouer à l'enseignement des petites filles de la montagne; elle est secourue par les dames du Sacré-Cœur de France; peut-être arrivera-t-elle à prospérer.

L'ordre de la Visitation possède une maison au Liban; nos Visitandimes maronites sont aidées par leurs sœurs de France.

Antoura possède un collège dirigé par Mes-

sieurs les Lazaristes qui a donné au gouvernement, aux administrations et aux consulats, des
hommes d'un haut savoir et d'une profonde sa-
gacité, et a même donné au Liban plusieurs de
ses gouverneurs. Ce collège reçoit des élèves
sans distinction de religion, les Druses ont tenu
à honneur d'avoir dans leurs rangs des sujets
formés dans ses murs.

Le collège de Gazir fondé par les PP. Jésuites, a été transféré à Beyrouth ; il continue
d'enseigner à ses élèves les éléments primaires,
a philosophie et les hautes études.

Nos séminaires, presque tous inachevés ou à
l'état de projet, sont une des plus vives préoc-
cupations de l'épiscopat maronite.

Il existe quatre séminaires patriarcaux, dans
lesquels chaque archevêque n'a le droit d'envoyer que deux élèves. De ces quatre séminaires
deux seulement existent de fait, et chacun des
deux ne peut recevoir que quinze séminaristes,
parce qu'il n'y a qu'un seul professeur; il prend
les enfants à la grammaire et les conduit à la
fin de la théologie. Dix ans sont consacrés à
ces études; on comprend que la maladie et le
manque de vocation diminuent souvent ce
nombre, déjà si restreint, d'aspirants au sacerdoce.

Donc huit archevêques ayant en moyenne
besoin de 1200 prêtres ne peuvent en ordonner
que trente à peu près de passablement instruits

sur les dogmes et la philosophie; trente répartis dans les huit diocèses font pour chacun et pendant un laps de dix années, deux prêtres ayant fait des études sérieuses et suffisantes. Si cet état de choses avait duré longtemps encore, on eût pu craindre de voir s'éteindre au Liban les lumières du catholicisme Nous devons d'en avoir conservé quelques lueurs au dévouement de ces humbles prêtres qui, dans leur ignorance, nous méritaient par la vigueur de leur foi et la pureté de leurs mœurs de n'en point voir éteindre le flambeau.

Le ciel a eu pitié de son vaillant petit peuple; les Pères Jésuites nous furent envoyés, et leurs séminaires ne tardèrent pas à donner à nos archevêques des sujets distingués; les élèves y sont reçus sans distinction de nationalité : Grecs, Syriens, Arméniens, Chaldéens, Maronites en comptent dans leurs clergés.

Les missions de l'Orient ouvertes, nous avons été assez heureux pour recevoir ces phalanges d'ordres religieux enseignants, hommes et femmes, à l'aide desquels nos archevêques combattent l'anarchie de l'ignorance; espérons que le succès couronnera leurs efforts. Le séminaire de la Propagande forme aussi des sujets distingués.

Mais le temps presse, les besoins sont urgents, ils se multiplient; il est de la plus grande importance de décupler nos forces et nos ressources de redoubler de zèle et d'activité.

4

D'un commun accord, après avoir relu les prescriptions du concile de Trente, nos prélats ont resolu de créer dans chaque diocèse un séminaire diocésain.

Mgr Joseph Debs jeta les fondements du sien, et, sous son intelligente direction, il le verra bientôt s'achever; on y reçoit déjà deux cent soixante élèves; son organisation est bonne et donne les meilleurs résultats.

A Batroun, l'évêque administrateur, grâce au sacrifice de son patrimoine, aux secours de Sa Béatitude et aux modiques offrandes des fidèles, est parvenu à reconstruire l'ancien séminaire de Saint-Jean de Maron; on y a déjà reçu un certain nombre de séminaristes.

Les autres archevêques, pressés du même zèle, mais n'ayant peut-être pas les mêmes ressources, ont acheté l'emplacement de ces constructions et en ont jeté les premiers fondements.

On prépare aussi des prêtres instruits et sachant administrer, pour diriger ces établissements; on les trouvera dans nos séminaires déjà existants.

Dans un avenir lointain sans doute, mais que l'on peut déjà entrevoir, le Liban, sortant des langes de son insouciante ignorance, verra encore en ses prêtres d'autres Vincent de Paul, qui, poussés par l'amour de leurs frères, trouveront en leur cœur assez de foi pour faire des prodiges de charité.

Pour pouvoir réaliser cette espérance, on compte fonder un séminaire général, dans lequel seraient admis les élèves des autres établissements, afin d'y faire leur rhétorique et leur philosophie. Plusieurs professeurs y enseigneraient, avec la liturgie, l'histoire si peu connue de la littérature syrienne. Trois ans d'études faites dans le même établissement, donneraient à notre clergé cette unité de cœur, cette conformité de pensées que l'esprit des diverses nationalités pourrait un jour faire disparaître.

Et puis combien n'est-il pas triste de voir gisantes et oubliées dans les bibliothèques européennes les trésors de la littérature orientale : nos pays en étant frustrés, est-il étonnant que les ténèbres et l'ignorance continuent de nous environner! Un éminent cardinal me disait, il y a quelques jours : « Je crois que les Maronites sont morts depuis les Assemani, car je ne vois pas d'hommes s'adonner au travail pour mettre aux yeux du monde savant l'incomparable liturgie, la philosophie, les dogmes, la morale, l'Ecriture sainte commentée et expliquée, toute la science ecclésiastique en un mot des savants Syriens. » Pourquoi? Ceux qui ont vu l'Orient répondraient avec moi : « Ah! parce que ces peuples sont plongés dans une grande misère, parce que jusqu'à ce jour leurs efforts eussent été inutiles pour déterrer ces richesses, qui, ensevelies dans la poussière, subissent les ravages destructeurs des siècles.

Les missionnaires et les relations commerciales ont ouvert des voies nouvelles entre l'Europe et le Liban; ces peuples qui ne pouvaient s'apprécier parce qu'ils vivaient séparés, vont recouvrer cette vraie fraternité des âmes qui rendra à notre Orient sa fortune et son cœur.

Enfants de l'Orient! que ne puis-je donner mon sang pour sceller cette union que mon âme appelle de tous ses vœux. L'éducation du clergé, cette base de la foi, une fois reconquise, quel nouvel essor ne prendront pas les améliorations auxquelles de son côté travaille Midhat Pacha. Les chemins de fer sillonnent déjà quelques unes de nos voies, les routes sont rectifiées et aplanies et le commerce étendu; tout cela promet à l'avenir une prospérité que nous appelons de tous nos vœux et à la réalisation de laquelle nous employons tous nos efforts.

Chrétiens de l'Occident! si l'Orient vient à recouvrer sa fortune, si un jour il n'est plus obligé de tendre la main à votre charité pour ne pas mourir, soyez sûrs qu'il n'oubliera point qu'il vous doit la vie, et que votre sang coule dans ses veines; il sera heureux de vous témoigner un amour que les bienfaits de votre civilisation auront fait naître dans son cœur.

Les Grecs unis ont les mêmes aspirations et

les mêmes espérances. Sa Béatitude le **Patriarche** Grégoire-Joseph a un séminaire qui donne des sujets distingues, vaillants défenseurs de la religion et de leur patrie.

Le patriarche syrien travaille à son tour à réveiller dans la terre d'Abraham cette foi généreuse qui porta le père des croyants à sacrifier son fils à Dieu, et lui mérita en retour de son obéissance la promessse d'une prospérité aussi nombreuse que les étoiles du firmament.

Le patriarche arménien persécuté par le schisme, ne cesse pourtant de travailler à l'amélioration de son clergé. Il attend que l'équité lui rende le séminaire de Bzoumar, qui était pour la religion catholique, quand elle y était enseignée, la source de nombreuses vertus, qui exhalaient leurs suaves parfums dans toute la montagne.

Le patriarche chaldéen aidé des PP. Dominicains, travaille à fonder son Eglise et la faire prospérer.

Grâces soient rendues à de si nobles et si généreux efforts ! Peut-être l'Orient verra-t-il bientôt se lever l'aurore de jours heureux. Puissent ces héroïques soldats du Christ à qui nous les devrons, dire au déclin de leur vie, en considérant l'avenir : *Gloria in excelsis Deo* ; nous avons un clergé qui saura se faire l'apôtre de sa chère patrie:

4.

CHAPITRE XI

Littérature.

Les premiers apôtres ne se bornèrent pas seulement à prêcher les vérités qu'ils avaient entendues de la bouche de leur divin Maître, mais encore dans toutes les villes où la religion chrétienne s'établit, on fonda des écoles et des collèges pour l'éducation de la jeunesse : Jérusalem, Césarée, Beyrouth, Tripoli, Alexandrie, Edesse, Nisibe en Mésopotamie, possédaient des écoles d'où sont sortis de grands saints et de profonds savants. Les saints les plus connus sont : saint Jean de Maron, saint Jean Damascène, saint Jean Chrysostome, saint Ephrem ; mais les hérésies et les événements politiques qui se sont succédés presque sans relâche ont changé la face de l'Orient, et toutes les écoles furent détruites. surtout après le départ des Croisés. On reproche actuellement aux Maronites de n'avoir pas de littérature : mais il est facile de les justifier sur ce point en suivant leur histoire depuis le viie siècle jusqu'à nos jours. On voit, en effet, que les

Maronites n'ont jamais eu de repos, et que, pour conserver leur religion, ils durent lutter continuellement contre des ennemis de toute sorte. Beaucoup de rochers de leur pays gardent encore les traces de leur sang, et toutes les grottes et les cavernes de leurs montagnes conservent dans leur sein les cendres des martyrs de cette nation chevaleresque,

Cependant les Patriarches, dont le zèle ne pouvait oublier que la science est une arme bien souvent victorieuse, n'ont jamais cessé de travailler à la fondation de petits séminaires. Leur but était d'obtenir pour leurs prêtres une instruction qui pût leur suffire dans la direction des paroisses. Mgr l'Archevêque Debs disait dans son appel aux catholiques de l'Europe en 1875 : « Les anciens possédaient des collèges nombreux et en réputation, particulièment ceux d'Edesse et de Nisibe, de Tripoli et de Beyrouth. Cette dernière ville devint surtout célèbre par ses écoles de droit, si bien que l'empereur Justinien, lorsqu'il songea à rédiger son code, n'hésita pas à appeler à Rome un professeur de Beyrouth. — Mais Beyrouth et ses collèges, furent ruinés par les tremblements de terre qui eurent lieu au ve et au vie siècle; alors commencèrent à fleurir les collèges de Tripoli, qui donnèrent à l'Orient un grand nombre de savants; parmi eux, nous devons nommer saint Jean de Maron, premier patriarche de la nation maronite, et Bar Hébren, docteur syrien qui s'acquit quelque renommée par ses nombreux ouvrages et sa remarquable érudition.

» Ces collèges existaient à Tripoli à l'époque des Croisades. Mais quand les Croisés quittèrent l'Orient vers le milieu du XIIIe siècle, tous les établissements chrétiens tant à Tripoli que dans les autres villes, furent ruinés.

» Vers le même temps, on créa plusieurs séminaires, notamment les écoles d'Haouka, d'Eden, de Bekerkocha, etc. De plus, le pape Grégoire XIII, d'heureuse mémoire, fonda à Rome un collège à l'usage de la nation maronite, dans la rue qui a conservé le nom de *Viccolo de Maronetti*; ce collège donna à l'Orient et à l'Occident nombre de docteurs illustres, qui, par leur vaste érudition et leurs nombreux écrits, ont jeté une telle lumière sur l'histoire des peuples chétiens de l'Orient, que leurs opinions ont acquis une autorité en quelque sorte proverbiale. Aussi n'est-il pas permis de s'en écarter si l'on veut écrire avec quelque exactitude sur les antiquités de l'Orient.

» Voici les noms des savants les plus célèbres et les titres de ceux de leurs ouvrages qui ont obtenu le plus de réputation.

» Et d'abord nous aimons à rappeler le nom de Gabriel Sionite l'auteur des deux versions arabe et syriaque qui figurent dans la Polyglotte parisienne; il composa et traduisit en latin plusieurs autres ouvrages. Vint ensuite Abraham Eechelensit, qui aida le ionite dans la rédaction des deux versions qu'on vient de mentionner.

» Ces deux savants enseignèrent les langues orientales dans l'Université de Paris, sous Louis XIV, qui se les attacha en qualité d'interprètes royaux. — Après eux, il faut nommer le patriarche Etienne Aldouah d'Eden, auteur d'un ouvrage intitulé le *Décalogue liturgique* ainsi que de plusieurs autres livres d'une grande érudition ; Fauste Nairon, qui composa le livre ayant pour titre *Eopolia Fidei* et une dissertation sur l'origine, le nom et la religion des Maronites ; puis le docte et illustre Joseph Simon Assemani, qui composa tant d'ouvrages, que le travail à faire pour les recopier absorberait à lui seul une vie d'homme, fût-elle de quatre-vingts ans (1). Malheureusement, le feu ayant pris, après sa mort, à son cabinet de travail, la plupart de ces précieux écrits nous ont été ravis. — A la suite, on peut citer son neveu Joseph-Louis Assemani, qui rédigea l'ouvrage connu sous le nom de *Codex liturgicus* (14 vol.) et son autre neveu Etienne Aouad Assemani, auteur du livre intitulé : *Acta martyrum orientalium*

---

(1) Le lecteur qui désirerait avoir connaissance du catalogue authentique des ouvrages de cet homme extraordinaire, pourrait se reporter à ce qui en est dit au livre de Mgr Joseph Debs intitulé *Summa Confutationum,* pages 228 et suiv.

et occidentalium. — Aux Assemani, il convient d'ajouter Pierre Benedetti, qui, après son entrée dans la Compagnie de Jésus, composa ou traduisit divers ouvrages, parmi lesquels il faut citer sutout celui qui porte le titre de *Acta Sancti Ephrem Syri*. — Michel Gazircenai, établi conservateur de la bibliothèque de l'Escurial en Espagne, composa un catalogue de tous les livres arabes, avec des notices pleines d'érudition sur leurs auteurs (2 vol.) — Au dernier siècle, D. Pierre Toulaoui faisait refleurir l'étude des sciences sacrées et profanes par les ouvrages qu'il fit paraître en langue arabe et par son enseignement. Il forma des élèves remarquables, parmi lesquels il suffira de citer Farhat et Zacker. — Pour rendre cette liste complète, il faudrait y ajouter les noms des élèves distingués qui sortirent du collège maronite de Rome et se rendirent célèbres, Joseph Stephanis et Joseph Tyan, tous deux patriarches de notre nation. Ce collège maronite est resté en notre possession jusqu'à la prise de Rome en 1798, par les troupes de la République française, époque où il fut saisi et vendu à des séculiers. Il subsista cependant quelques débris de cet établissement : ce sont des biens-fonds dont les revenus sont affectés à l'entretien des élèves maronites qui font leurs études au collège de la Propagande à Rome. »

Au commencement de ce siècle, les patriarches

ont fondé quatre séminaires généraux, comme nous l'avons dit au chapitre x.

De ces séminaires sont sortis Mgr Paul Massad, patriarche d'Antioche, et presque tous les évêques actuels de ce patriarchat.

La science et les lettres sont fort aimées de Sa Béatitude Mgr Paul Massad ; aussi, quelque faible que soit sa santé, a-t-il fait paraître plusieurs ouvrages, entre autres *Aldor Almanzoun* (Pierres précieuses), que j'ai pris pour guide dans ce précis historique. Ce volume renferme l'histoire de presque toutes les Églises d'Orient, avec leur hiérarchie, leur division et leur liturgie. Il a aussi écrit un traité sur le dogme de la Trinité, afin de prouver aux Grecs schismatiques que l'Esprit-Saint procède du Père et du Fils.

Mgr Debs, déjà connu par ses talents et son activité, s'adonna à l'étude depuis son enfance : après avoir appris la littérature arabe et l'avoir enseignée dans nos petits séminaires, il étudia seul les langues latine, italienne et française. Il fonda une imprimerie, et, doué d'une étonnante activité, fit paraître l'histoire des hérésies avec une réfutation de saint Liguori.

Secrétaire du patriarche, il l'a accompagné à Rome, en France et à Constantinople, et raconté, à son retour, le voyage du prélat en Europe. Avant le concile, il adressa une lettre fort savante aux prélats d'Orient séparés de l'Église catholique. Cette invitation aux schismatiques

de venir au concile du Vatican a été admirée de
tous. On lui doit encore le commentaire des
Evangiles en deux volumes et un livre de con-
troverse intitulé : *Orthodoxie des Maronites*. La
théologie du Père Perrone a été traduite en
arabe par le même prélat.

Mgr Joseph Marid a fait une savante réfutation de toutes les objections des protestants. —
Le Révérend Père Elias Kouri a commenté les
Actes des apôtres; le Révérend Père Alem, maronite et supérieur actuel du collège de la Sagesse à Beyrouth, a fait paraître un commentaire des Épîtres de saint Paul et plusieurs
autres livres de piété.

Un grand nombre d'autres ouvrages ont été
composés par des prêtres fort érudits; mais le
manque de ressources empêche de les livrer à
l'impression.

Espérons que, l'Orient retrouvant son ancienne
gloire, les Maronites ne resteront pas en arrière
du mouvement littéraire qui s'accentue si éner-
giquement. Les laïques qui possèdent assez de
science et ont au cœur assez d'amour pour la
littérature, ont donné à la nation un grand nombre d'ouvrages historiques, des poésies et des
tragédies dont le mérite est incontestable.

La littérature du Liban, comme toutes les lit-
tératures orientales, est très-riche en images
gracieuses et vives; tous savent que le climat et
les beautés naturelles de ce pays enchanteur ont

une influence immense sur l'imagination des auteurs orientaux. Cette exaltation poétique, empreinte, chez les Maronites, des principes du christianisme, revêt d'une couleur chaude et brillante les lignes si grandes et si pures des Saintes Ecritures. Aussi tous les commentaires de nos savants sur les Saints Livres ont-ils le double avantage de réunir à une grande érudition tous les charmes d'une imagination facile et toute pleine des images les plus aimables et les plus enchanteresses.

CHAPITRE XII

Histoire du Gouvernement civil

Tout ce que touche l'Eglise reçoit comme l'empreinte de la main de l'Eternel et résiste à toutes les morsures du temps. Nous avons vu que depuis 658, époque de la fondation de notre hiérarchie ecclésiastique, aucun changement ne s'est produit dans cet ordre de choses. Conduite par l'autorité d'une loi invariable, notre Eglise a vu se succéder Patriarches et Archevêques, sans que le rocher de la vérité ait été jamais ébranlé par la tempête de l'erreur. Sans doute ses fidèles, innombrables jadis, sont réduits aujourd'hui à un petit troupeau; mais comme l'or s'épure dans le creuset, ainsi l'Eglise catholique du Liban a vu se détacher d'elle les sujets corrompus ou hésitants qui eussent pu l'entraîner au schisme; elle est restée ferme dans ses principes et immuable dans sa foi : la stabilité est le cachet des œuvres de Dieu. Les gouvernements civils maronites au contraire ont subi les fluctuations inhérentes à l'instabilité humaine. Il

ne m'appartient pas de dire si les changements
fréquents de nos gouvernements se sont accomplis pour le bien des peuples et si l'Orient doit
s'applaudir des résultats obtenus; je vais simplement essayer de remonter la chaîne des
évènements qui se sont succédé depuis l'origine
des Maronites jusqu'à nos jours.

Les émirs, à deux reprises différentes, les
Mokadems, les Cheiks, et enfin les pachas, tels
furent les chefs de nos gouvernements successifs.

Au fur et à mesure que les partisans de Saint
Maron devenaient assez nombreux et assez
puissants pour défendre la religion catholique
et conquérir l'indépendance de leur foi, ils
s'unirent dans un commun désir, celui de se
constituer en société; ils se choisirent un chef
et prirent celui que distinguaient son intelligence, son courage et sa fortune.

On lui donna le nom d'*émir* qui signifie *celui
qui commande*. Nos historiens ne nous ont pas
appris à quelle famille appartenait le premier
élu, pas plus que ses successeurs; le premier de
tous porta le nom de Joseph, et gouverna seul
tous les Libanais; il fit aussi plusieurs con-
quêtes.

Kosra, second émir, donna son nom à Kos-
rawan, et agrandit aussi son territoire. Il eut
pour successeur Jacob. A Jacob succéda Hilias
qui aida le roi Héracle à chasser les Persans de
la Syrie; Joseph II parut ensuite; mais l'histoire

n'en dit rien de remarquable. Jean qui monta
sur le trône après lui, déclara la guerre aux
Sarrasins, les mit en déroute en 770 et étendit
sa domination depuis Jérusalem jusqu'à l'Arménie.

L'émir Abraham qui lui succéda, construisit
sur le fleuve Adonis un pont célèbre qu'on y
voit encore et qui porte son nom. Il fut suivi de
Jean III, et d'un grand nombre d'autres, jusqu'à
l'émir Simon, qui vint à la rencontre de saint
Louis en 1249. Le gouvernement des émirs dura
jusqu'en 1300, époque à laquelle commença celui
des Mokadems. Ce fut là comme l'établissement
de la féodalité constituée à peu de chose près
comme elle l'était en France. C'est, dit-on,
aux conseils de saint Louis que l'on dut cette
innovation dans notre pays. On divisa le Liban
en provinces, et chaque province eut à sa tête
pour la régir celui qui se distinguait le plus
par sa science et sa fortune. Il s'appelait *Moka-
dem*, mot arabe qui signifie *principal*.

Les mokadems étaient indépendants, mais ils
avaient fait une alliance par laquelle ils s'enga-
geaient à s'unir pour défendre le pays contre
toute invasion.

Nous lisons dans l'histoire maronite de Stéphan Douoïhi, qu'en l'an 1300 les Musulmans déclarèrent la guerre aux Maronites dans le pays
de Djebail. Les Mokadems fidèles à leur alliance
se réunirent au nombre de trente, formèrent de

toutes les provinces une armée de trente-cinq mille hommes, et repoussèrent l'ennemi.

En 1307, nos Mokadems ne purent résister au général Affouch El Affram qui fondit sur eux avec une armée de cinquante mille hommes venant de Damas. Il prit Kasrawan, centre des armées maronites, dévasta les églises, incendia le pays, massacra les habitants, et laissa les émirs Assaf sur les côtes, pour préserver le pays de l'invasion des Francs.

Le gouvernement des Mokadems ne continua pas moins d'exister jusqu'en 1612, époque à laquelle parurent les cheiks Maronites et Druses qui existent encore aujourd'hui.

Les principales familles de Cheiks Maronites sont les Khazen, les Abaïch, les Daher, les Dahdah, les Khouris et les Aboussaab. La famille des Khazen est une des plus anciennes familles du Liban, elle s'est toujours distinguée par ses richesses, sa générosité et son attachement à la religion catholique. La plupart des couvents et des églises de Kasrawan ont été construits à ses frais. C'est à elle que les rois de France ont confié les intérêts de leur nation en prenant dans son sein le consul de Beyrouth de 1659 à 1753. Le dernier de ces consuls se nommait Naoufel. C'est aussi de cette famille que sont sortis plusieurs patriarches et archevêques. Elle a toujours possédé la seigneurie de la province de Kasrawan et les siècles n'ont altéré en rien sa noblesse, sa grandeur, sa foi. Les Abaich dont l'origine remonte aussi loin et qui ont toujours été seigneurs de Gazir se sont faits remarquer par leur bravoure et leurs éclatants faits d'armes. Les gouverneurs du Liban les mirent à la tête de toutes les expéditions militaires; partout ils se sont illustrés par leur habileté et leurs nombreuses victoires. Le gouvernement actuel n'a pas méconnu leur mérite et a pris parmi eux les médirs de Zaouiez, de Batroun, de Djebaïd et de Zouck.

Les Daher anciens seigneurs de Zaouiez, distingués par leur grande fortune, ont toujours compté parmi eux des hommes de haute intelligence et d'excellent conseil.

Les Dahdah forment une famille très ancienne, elle fut ennoblie par le grand Bechir Chehab. Au commencement du xviie siècle les Hamadi Cheiks mutualis obtinrent du pacha de Tripoli le gouvernement des districts de Fetouch et de Djebaïl avec une partie du Nord du Liban, ils eurent besoin de chrétiens pour leur servir de secrétaires et de conseillers, car presque tous les mutualis à cette époque ne savaient ni lire ni écrire; ils ne trouvèrent pour les servir ainsi que la famille des Dahdah qui demeurait à Akcoura, non loin des sources d'Adonis.

Le pacha de Tripoli employa aussi quelques membres de cette famille comme secrétaires. Ce qui les rendit célèbres dans le Liban ce n'est donc ni la gloire militaire, ni l'abondance des richesses, mais le haut savoir, et leur habileté dans le maniement des affaires ; ces deux qualités ont toujours été et sont encore leur caractère distinctif. Quand l'Emir Béchir prit le gouvernement du Liban, il tira de grandes ressources de la même famille et y choisit tous les membres de son administration : C'est ainsi qu'il en fit des gouverneurs à Becharri, Batroun, Dgébaïl et qu'après avoir destitué les Hamadi, |il les remplaça par des membres de la famille Dahdah.

De nos jours la descendance des Dahdah se distingue encore par son intelligence et son grand savoir. M. le comte Bouchaïd Dahdah demeure à Paris depuis plusieurs années. Dès son enfance il s'adonna à l'étude. Il avait vingt-trois ans quand le fils du grand Béchir remarquant en lui une intelligence supérieure le nomma son secrétaire et par le choix de son père lui confia plusieurs missions qu'il remplit avec honneur et succès. Pie IX donna encore plus d'éclat à la noblesse de son origine en lui accordant le titre de Comte romain. Il a déjà publié plusieurs ouvrages et doit encore faire paraître quatre volumes in-folio renfermant des trésors d'érudition.

Les Kouris, anciens seigneurs de la ville de Rachemaïa, près de Baïteddin ont une grande réputation de science et de piété. Ce fut dans

cette famille qu'en 1787 Louis XVI choisit le
consul de Beyrouth, Kandour, fils du célèbre
Saad. Le cheik Bicharah, si renommé pour sa
connaissance de la loi turque et sa probité uni-
versellement reconnue est aussi un membre de
la famille des Kouris.

Les Bousaab sont fort connus dans le Liban,
pour leur fortune, leur bravoure et leur culture
d'esprit.

Les cheiks Druses sont plus nombreux que les
cheiks Maronites, la plus puissante famille est celle
des Jomblate qui gouverne le Chouf. Parmi eux
viennent ensuite les Oomade, qui commandent
El Arkoub inférieur; les Abounacad, qui régis-
sent Monssef; les Abd-el-Malec, à la tête
du Jorde, Talkouk, à la tête du Gharb supérieur.

Les anciens privilèges de ces cheiks consistaient
à être traités de frères par le prince du Liban,
à d'être exempts eux et leurs domestiques de
l'impôt personnel, des corvées et de tous les
services que le prince pouvait exiger du peuple
Ils ne pouvaient être punis que par l'exil ou la
prison, et ne pouvaient être condamnés à mort.
Les cheiks Druses jouissaient des mêmes
droits.

La petite noblesse est écrasée par la grande
chez les Druses. Chez les Maronites elle a plus
d'autorité : on y voyait des familles qui gouvernaient un canton ou un village; d'autres ont

le titre, mais aucun pouvoir. Leur seul privilège est de ne pas être soumis à l'impôt personnel. Le prince leur écrit : « Monsieur et cher..... » Il emploie pour eux le même format de papier que pour les cheiks de premier rang.

Les Cheiks Druses et Maronites vécurent toujours en bonne harmonie et défendirent avec courage l'indépendance de leurs montagnes. Lorsque Soliman II s'empara de la Syrie, François Ier réclama de lui le respect du droit des chrétiens dans la Terre-Sainte. Soliman II promit que sous son règne personne ne les inquiéterait. Mais Amurah III, d'après l'historien Ibn-el-Kelaki, investit le Liban pendant sept ans et à diverses reprises essaya de gravir ses hauteurs; mais il échoua constamment, devant l'héroïque résistance des montagnards. Druses et chrétiens. Il leur envoya alors des messagers pour leur proposer des conditions de paix fort avantageuses et engager leurs chefs à se rendre dans la plaine de Bkaa pour conclure un traité avec lui. Ils y vinrent et furent tous massacrés.

Les Janissaires du sultan ayant à leur tête Ibrahim pénétrèrent alors dans le Liban et firent un carnage affreux. Après ce massacre un traité de paix fut signé et les montagnards durent payer une contribution de guerre écrasante.

Les Cheiks chrétiens et Druses se réunirent

5.

en conseil et décidèrent de remettre entre les mains d'un seul homme l'autorité sur tout le Liban. Leur choix tomba sur un Emir de la famille Mane, d'origine Druse qui gouvernait quelques villes du district de Chouf depuis le douzième siècle.

Ce fut dans les premières années du XVIIe siècle que le fameux Emir Faker-el-Dïn, chef et gouverneur de la partie méridionale du Liban porta à son apogée la puissance des Druses. Il voulut former un gouvernement complètement indépendant et étendit sa domination sur les pays voisins. Il parvint à se rendre maître de tout le pays depuis Adjloun près de Damas jusqu'à Beyrouth, Saïdda et Sour; mais l'armée d'Ahmed II lui déclara la guerre et après une lutte de sept ans l'Emir Faker-el-Din fut obligé de quitter Gézin et de fuir en Italie. Il laissait cependant son fils gouverneur du Liban. Après avoir passé neuf ans à Florence, il put revenir dans son pays; mais Amurah IV envoya contre lui le pacha de Damas et après plusieurs rencontres sur les côtes de la Méditerranée, Ali, fils de l'Emir, fut tué et Faker-el-din se réfugia dans le village de Niha d'un accès difficile à l'armée Turque. Un an après, Faker-el-Din fut livré par ses compagnons et conduit à Constantinople où il fut étranglé (1632). Ses héritiers continuèrent à gouverner jusqu'à l'extinction de la race. Le dernier fut l'Emir Ahmed. Ce furent les Chehab qui avaient déjà contracté des alliances avec les Mane qui leur succédèrent.

Nous empruntons à l'un des manuscrits de M. le comte Bouchaïd Dahdah une courte notice sur l'origine de cette illustre famille.

« Pendant sa dernière maladie, Mahomet avait organisé une expédition contre la Syrie. l'armée se composait de plusieurs tribus ayant chacune à leur tête un de leurs émirs ; tous étaient soumis à l'émir Assamé Ibn Zaïd général en chef. Mais Mahomet mourut avant le départ de son armée; ce fut son kalife Aboubakir qui fit l'expédition. La tribu de Makzaum avait pour chef l'Emir El Harès Ibn Hascham qui combattit les chrétiens à El Hiermouk et à Marge-el-Saffra dans le pays d'Haouran. Il prit part au siège de Damas où il fut tué. El Harès avait épousé une fille de Chehab Ibn Abdallah de la tribu des Zohaïr d'où était sortie Amné, mère de Mahomet. Le fils d'El Harès se nommait Malek, mais pour lui rappeler sans cesse le souvenir de son grand père, on ajouta à son nom celui de Chehab.

Après la prise de Damas, Malek Chehab y demeura avec sa famille, et quand Omar Ibn-El Haktab devint kalife, Maleck fut nommé émir d'Hauron. Alors il quitta Damas et vint habiter à Hauron. Plus tard, en 1159, quelques émirs de cette famille vinrent s'établir à Ouaddi-El-Taim entre le Liban et le Jourdain.

Un de ces émirs appelé Mounkez fut nommé gouverneur de la ville de Haspaïa et approuvé par le sultan de Damas Nour El Din Mamroud Zanki. La famille de Mounkez garda toujours cette dignité mais en 1560 une dissension s'éleva entre l'émir Ali et son frère Achmad ; le différend se termina par la prise de possession du gouvernement d'Aspaïa par Ali et de celui de Raschïa par Achmad.

Quand la dynastie Mane s'éteignit par la mort de d'Ahmet, dernier héritier de Faïk-El-Din, les cheiks de la montagne élurent pour gouverneur de Raschïa l'émir Béchir Ibn Hassan Chehab, neveu de l'émir Achmed Mane. L'émir Béchir resta gouverneur neuf ans (1705-1714). Son successeur fut l'émir Haïdar Ribn Moussa Ibn Ali qui dut son élévation à sa descendance d'Achmed Mane; il gouverna 26 ans. A sa mort (1740) son fils ainé Mullhem lui succéda. Mullhem abdiqua en 1759 et comme son fils Joseph n'avait que onze ans, ce fut son frère Mansour qui devint émir à sa place, Joseph élevé par un prêtre maronite, ayant acquis une grande renommée dans tout le pays chercha à recouvrer son droit et à rétablir l'unité du gouvernement dans le Liban. A cette époque c'était un cheick Mutuali de la famille Hamadi qui tenait du pacha de Tripoli le district de Djebail (1). Joseph sut gagner le pacha de Saint-Jean-d'Acre qui lui donna l'investiture de la partie méridionale du Liban ; il gagna aussi celui de Tripoli qui ne s'opposa pas à la destitution des Hamadi et fit Joseph gouverneur de la province de Djebail; il obtint aussi du pacha de Damas le droit de déclarer la guerre aux Mutualis qui envahissaient souvent les terres soumises à sa domination et en l'an 1793 il entra à Daïr-El-Kamar. Il abdiqua ensuite en faveur de l'émir Béchir qui devint si célèbre depuis.

Le nouvel émir, dont l'esprit était juste et religieux gouverna le pays comme un bon père de famille et donna toute sa faveur aux chrétiens. Il conféra des titres de noblesse aux plus anciennes familles, et seconda de tout son pouvoir le patriarche et les évêques. Sa faveur ne s'arrêta pas aux seuls Maronites; il accueillit également les chrétiens des autres rites, tels qu'Arméniens, Syriaques, Grecs, etc., qui, persécutés dans les villes, se réfugiaient dans le Liban.

Ses prédécesseurs résidaient à Daïr-el-Kamar, où se trouvait une mosquée pour les musulmans. Le prince se retira à Baït-Elddin pour n'avoir pas à fréquenter la mosquée. Baït-Elddin

---

(1) La Syrie, à cette époque, était divisée en quatre *eyalets* : Alep, Damas, Tripoli et St-Jean-d'Acre. Le pacha de Tripoli, donnait l'investiture de Djebail et Fétouch; celui d'Acre la donnnait à ceux qui devaient gouverner le reste du Liban.

devint aussitôt une petite ville. Il y construisit une grande église et un presbytère où résidaient l'évêque maronite du diocèse et plusieurs prêtres. Il eut en outre une chapelle dans l'intérieur de son palais.

Les chefs druses, voyant son attachement à la religion catholique et la faveur qu'il accordait aux chrétiens, résolurent de le remplacer par deux de ses cousins, qui furent conduits à Saint-Jean d'Acre pour recevoir l'investiture. Le prince fut obligé de se retirer dans le désert de Haouran pour pouvoir négocier avec le pacha. Il réussit et revint à Baït-Elddin après une absence de quelques mois. Son retour ne fut pas signalé par une grande sévérité de sa part; mais peu de temps après les mêmes faits se renouvelèrent. Le prince fut obligé de s'embarquer et de chercher un asile en Egypte. Méhémet-Ali, qui avait des vues sur la Syrie, lui fit le meilleur accueil; il lui obtint de Constantinople un firman ordonnant au pacha de saint Jean d'Acre de destituer les usurpateurs et de rétablir le prince Béchir comme souverain définitif du Liban. Pendant le séjour de Béchir en Egypte Tersom Pacha fils de Méhémet Ali fut tué en Maroc et son corps amené au Caire. Le jour de la célébration des funérailles, Méhémet Ali invita l'émir Béchir à assister à la cérémonie, il accepta et suivit le Pacha avec ses fils, ses deux ministres Mançour et Ghaleb Dahdah et

plusieurs autres personnages. Arrivé à la mosquée, il laissa entrer le Pacha, et ne voulant pas
y pénétrer, lui chrétien, il se plaça avec les siens
à la porte comme factionnaire. Méhémet Ali le
remercia de sa courtoisie et lui fit entendre qu'il
comprenait son scrupule et qu'il approuvait sa
conduite. L'émir revint en triomphe dans le
Liban. Mais celui qui avait fermenté la révolte,
était Béchir Joumblat; il se retira avec ses princes
et ses partisans dans le 'Nord. Ils eurent le temps
de réunir tous leurs partisans et vinrent avec
une armée de 20.000 hommes assiéger le prince
dans son palais de Baiteldine. Il n'avait là que sa
garde composée de 300 cavaliers. Il résista plusieurs jours. Avant de se décider à une sortie, il
fit parvenir au patriarche des Maronites, par
l'entremise d'une vieille femme déguisée en
mendiante, une lettre où il le priait de faire dire
des messes par tous les prêtres maronites au jour
qu'il lui désignait. Le moment venu, il sortit
inopinément avec ses 300 cavaliers, et se fit jour
à travers l'armée assiégeante. Le chaik Jomblate
et les autres chefs Druses poursuivis jusqu'à l'ex-
trémité sud du Liban se réfugièrent dans le désert de Hauran. Pour obéir au firman du sultan,
le Pacha de saint Jean d'Acre lança le Pacha de
Damas à la poursuite des fugitifs. Les chefs
Druses furent tués et le prince châtia sévère-
ment les populations. Depuis lors les chrétiens
devinrent les maîtres dans le midi du Liban

qui était mixte jusqu'alors. L'émir plutôt que de mettre à mort les princes usurpateurs leur fit crever les yeux et les plaça dans le centre du Kasrawan en leur payant une pension. Ce fut une grande tache sur son histoire. Mais il faut reconnaître ses grandes qualités personnelles et le bien immense qu'il fit au pays et à la religion pendant un règne de 55 ans.

Ce grand homme jetait un tel éclat sur tout le Liban et même à l'éxtérieur que partout pendant son règne les libanais se virent estimés et quand les nations voisines s'insurgeaient contre leurs gouverneurs légitimes, le Pacha lui demandait des secours. Lorsque les habitants de Chékif, au nord de Sidon, se révoltèrent contre Abdallah Pacha de saint Jean d'Acre, celui-ci demanda l'aide du grand Béchir qui ne tarda pas à lui envoyer une armée composée de Druses et de Maronites ayant à leur tête son propre fils. Cette armée, victorieuse des rebelles, les remit sous la domination de leur chef.

Quand la ville de Naplous et tous les Musulmans du pays de Nazareth se révoltèrent, eux aussi, contre le même Pacha, le même secours fut demandé et obtenu et le drapeau Libanais flotta sur la forteresse de Naplous que cette armée emporta d'assaut. Les insurgés durent faire leur soumission et payer le tribut qui leur fut imposé. Plus tard l'armée Egyptienne fut attaquée par des Nossaïre au nord du Liban,

Ibrahim Pacha, fils de Méhémed-Ali appela à
son aide l'Emir et l'armée libanaise s'illustra
dès lors autant au nord qu'au midi.

Mais comme l'émir avait toujours favorisé les
missionnaires français et le consul de France et
avait empêché les Anglais de distribuer des
bibles dans le Liban, la flotte anglaise accom-
pagna l'armée du sultan en 1840. Elle chassa de
la Syrie le vice-roi d'Egypte et emmena l'émir
prisonnier à Malte. On le transporta ensuite à
Constantinople et de là à Zaafaramboul dans la
Turquie d'Asie où il périt on ne sait comment. Béchir Hassem, neveu du grand Béchir fut nommé
gouverneur du Liban ; mais comme il n'avait ni
le génie ni l'énergie de son oncle; il ne put arrêter l'insurrection des Druses qui le renver-
sèrent et Omar-Pacha le remplaça provisoire-
ment. Les Anglais prirent sous leur protection
les Druses; il en résulta bientôt une guerre avec
les Maronites. Les chrétiens qui habitaient le
pays mixte succombèrent sous le nombre et furent massacrés. Les chrétiens du Kesserouane et
du centre n'avaient pas pu venir les secourir,
l'armée turque ayant intercepté le passage. Les
gens de Fetouh commandés par Bouchaïd
Dahdah eurent seuls l'honneur de prendre part
à une bataille près de Beyrouth avant l'arrivée
de l'armée turque.

Après ces événements les quatre puissances
unies d'accord avec le sultan divisèrent le Li-

ban en deux parties, le Nord et le Sud, et mirent à leur tête deux Kaïmakams, un Druse et un Maronite indépendants l'un de l'autre.

Le Druse était l'émir Ahmet-Rosslan, d'une famille princière druse; le Maronite était l'émir Haydar de la famillle Aboullamaa, d'origine druse, aujourd'hui maronite, qui gouvernait alors le district de Maten sous la suzeraineté des princes Chehab.

Après la mort de l'émir Haidar, l'émir Béchir Ahmet Aboullamaa lui succéda et resta Kaïmakam jusqu'en 1860.

Après le massacre de 1860, les puissances chrétiennes, d'accord avec la Turquie changèrent l'organisation du Liban et lui donnèrent une administration toute nouvelle. Le Liban est administré actuellement par un gouverneur chrétien nommé par la sublime Porte. Ce fonctionnaire amovible est investi de toutes les attributions du pouvoir exécutif, il nomme les agents administratifs, institue les juges, convoque et préside le *metjlis* ou conseil administratif central et approuve l'exécution de toutes les sentences légalement rendus par les tribunaux.

Il y a pour toute la montagne un medjlis administratif central composé de membres choisis parmi les Maronites, les Druses, les Grecs catholiques, les Grecs schismatiques, les Mutualis et les Musulmans. Le conseil est chargé de répartir l'impôt et de contrôler la gestion des revenus et des dépenses. Il a voix consultative sur toutes les questions qui lui sont posées par le gouverneur.

Nous avons vu que de 1840 à 1860 il y eut deux Kaïmakamies, une chrétienne et une druse; la Kaïmakamie chrétienne comprenait El-Metn, Cati-Beit-Chebab, Bekfaïa, Sahel Beyrouth, Kasrawan, Belad-Djebaïl, Belad-el-Batroun, Djebet-Becheri, El-Koura, Zahlé, Gharb-el Bekaa. La Kaïmakamie druse comprenait El-Chouff, Djezzin, Djébel-el-Rihan, El-Arkoub, El-Djerdaïn, El-Gharbaïn, El-Monssef, El-Chehar, Iklim-el-Teffah et Iklim-el-Haroub.

D'après l'organisation de 1861, la montagne est divisée en sept arrondissements administratifs savoir : 1º le Koura, y compris la partie inférieure et les autres fractions du territoire avoisinant dont la population appartient au rit grec schismastique, moins la ville de Kalmoun située sur la côte et à peu près exclusivement habitée par des Musulmans.

2º La partie septentrionale du Liban jusqu'à Batroun,

3º Le Kasrawan,

4º Le Maten, y compris le Sahel chrétien et le territoire de Kata et de Salima,

5º Le Chouff, y compris le territoire situé au sud de la route de Damas à Beyrouth jusqu'à Djezzin,

6° Djezzin et le Teffah,

7° Zahlé et son territoire.

Dans chaque arrondissement se trouve un Kaïmakam nommé par le Gouverneur et choisi dans le rit dominant. Le Kaïmakam de la partie septentrionale est Maronite; celui de Koura est Grec schismatique, celui de Casrawan est Maronite, celui de Maten est Maronite, celui de Chouffo est Druse, celui de Djezzln est Maronite, celui de Zahlé est grec catholique.

Les arrondissements sont divisés en cantons dont le territoire est à peu près réglé sur celui des anciens Aklim *Klims* ou districts. Les cantons sont eux-mêmes subdivisés en communes qui se composent chacune d'au moins 500 habitants. A la tête de chaque canton il y a un médir nommé par le gouverneur sur la proposition du chef de l'arrondissement et à la tête de chaque commune un cheik choisi par les habitants et nommé par le gouverneur. Ces cheiks ont la fonction de juge de paix.

Dans chaque arrondissement il y a un medjlis judiciaire de première instance composé de trois à six membres représentant les divers éléments de la population. Au siège du gouvernement se trouve un medjlis judiciaire supérieur composé de douze membres appartenant aux sept nationalités auxquels on adjoint un représentant du culte israélite et un autre du culte protestant.

Le cheik ou juge de paix, juge sans appel jusqu'à concurrence de cinq cents piastres, les affaires au-dessus de cinq cents piastres sont de la compétence du medjlis judiciaire de première instance.

En matière criminelle il y a trois degrés de juridiction : les contraventions sont jugées par le juge de paix, les délits par le medjlis de première instance et les crimes par le medjlis judiciaire supérieur.

Tous les membres des medjlis judiciaires et administratifs sans exception, ainsi que les juges de paix, sont choisis et désignés après une entente entre les notables par le chef de leur nation et institués par le gouvernement.

Les audiences de tous les medjlis judiciaires sont publique et il en est rédigé procès verbal par un greffier. Ce greffier est en outre chargé de tenir un registre de tous les contrats portant aliénation de biens immobiliers, lesquels contrats ne sont valables qu'après avoir été soumis à la formalité de l'enregistrement.

Les habitants du Liban qui commettent un crime ou délit dans un autre sandjak sont justiciables des autorités de ce gouvernement, de même que les habitants des autres pays qui commettent un crime ou délit dans la circonscription du Liban sont justiciables des tribunaux de la montagne.

Le Liban peut demander l'extradition des criminels et doit accéder à la même demande si elle lui est adressée par les pays voisins.

L'ordre est maintenu par un corps de police mixte recruté par la voie des engagements volontaires et composé à raison de 7 hommes par 100 hommes.

La sublime Porte lève par l'intermédiaire du gouverneur du Liban un impôt de 3500 bourses, somme qui peut être élevée jusqu'à 7000 bourses lorsque les circonstances le permettent.

Le produit de ces impôts doit être principalement affecté aux frais d'administration de la montagne et aux dépenses d'utilité publique.

CHAPITRE XIII

Les Druses

Les Druses sont connus de toute l'Europe ; leur nom est synonyme de meurtriers. Ce peuple eût eu une autre réputation, si les intrigues politiques ne l'avaient séparé des chrétiens, avec qui il avait vécu pendant huit siècles.

En 996, le sultan Abou Almansour qui était le sixième roi des Fatimites, gouvernait l'Egypte. Ce sultan poussa ses prétentions jusqu'à s'attribuer la divinité, et prit le nom de Hakam-Biamré. Voulant établir une religion, il eut recours à trois ou quatre partisans très habiles qui se firent les apôtres de la métempsychose, et firent croire au peuple que le sultan Almansour était digne d'être adoré, car l'âme d'Adam, disaient-ils, qui fut créée la première continue son existence dans le genre humain, en passant de corps en corps dans des personnes de plus en plus parfaites.

Le Kalife Ali ajoutaient-ils avait possédé cette
âme, et après sa mort, elle était passée à ses
successeurs dans le kalifat jusqu'au sultan Abou-
Almansour; ils enseignaient aussi que les esprits bons ou mauvais peuvent revêtir des corps
humain : ainsi un honnête homme doit être un
ange incarné, de même qu'un méchant homme
doit être un démon. Parmi leurs partisans se
trouvaient un Persan adorateur du feu nommé
Ahamzé, un Egyptien nommé Mohamed-Ali
Darzi; tous deux écrivirent en faveur de la divinité d'Elhakem; ils disaient que cette divinité
continuerait à se transmettre à ses successeurs.
Les deux apôtres distribuèrent au loin par des
émissaires des brochures de propagande. Ceux
qu'ils envoyèrent dans la Syrie ne purent réussir
que dans le pays nommé Ouaddi El-Taïnn
entre le sud du Liban et le Jourdain, où se trouvent les deux villes Raschaïa et Hasbaya ha-
bitées par des Musulmans. Il y avait à cette
époque pour gouverner ces contrées du Liban
une famille Musulmane influente qui portait le
nom de Tenoukhe; elle avait à son service
quelques Druses, sectateurs de Mahamed-Al-
Darzi. Ces derniers profitant de l'influence de
cette famille, s'introduisirent à Ouaddi Elaïn; un
grand nombre de leurs coreligionnaires s'établirent dans le sud-est du Liban; peu à peu, ils
prédominèrent dans cette région; une autre
parties des Druses s'établit dans le Haouran : il

n'en reste qu'un petit nombre dans Ouaddi-El-ttaïn.

Les Druses ont une hiérarchie religieuse. Les chefs religieux s'appellent *Hakel* ou *savants*, et les gens du peuple, qui ne doivent pas connaître le secret de la religion s'appellent *Jahel* ou *ignorants*.

Les savants ont des loges, comme les Francs-maçons, mais les loges sont situées hors des villages ; ils ont un chef qu'on appelle cheik-el-Aakal, à qui tous les Druses obéissent.

Sous lui se trouve dans chaque district un chef qui à son tour, a des inférieurs.

La connaissance religieuse est proportionnelle au grade. Lorsque le Cheik-el-Aakal a un projet quelconque, il n'a qu'à transmettre ses ordres à ses subalternes qui appellent à leur tour ceux à qui ils commandent. Le secret est toujours recommandé pour les réunions faites dans les loges, et les savants seuls ont le droit d'y assister.

On a cru les Druses idolâtres, mais la question est toujours restée obscure ; ils n'ont pas de culte suivi à l'extérieur, et respectent également les chrétiens, les Musulmans et toutes les sectes.

CHAPITRE XIV

Les Mutualis

Les Musulmans se sont partagés en plusieurs
sectes, l'une d'elles s'est établie au Liban, c'est
celle des Mutualis qui est peu nombreuse, et ne
diffère des Musulmans primitifs que sur quelques
points.

Voici quelle est son origine : A la mort de Mahomet, ses généraux se firent cruellement la
guerre pour s'emparer du pouvoir ; Ali cousin
et gendre du prophète, fut battu malgré la jus-
tice de sa cause. Les adversaires d'Ali prirent
le nom de Sinites qui veut dire orthodoxes. Les
défenseurs du droit d'Ali, appelés Chites, c'est-
à-dire schismatiques, se divisèrent en plusieurs
partis plus ou moins modérés, l'un d'eux celui
des Mutualis allait jusqu'à lui accorder la divinité. Ce nom de Mutuali, vient d'un verbe arabe
taoualla qui veut dire diviniser.

Les Mutualis n'ont jamais habité les villes

dans la crainte de se mêler aux Sinites. Ils habitent en Syrie le Jabal, Echehekif au-dessus du Saïda, ainsi que Baalbek et ses environs.

Une grande famille de ces Chites, nommée Haumade, dévasta une partie du Nord du Liban dans les derniers siècles, et le pacha de Tripoli l'a investie du gouvernement du district de Gebail et Fetouh. Les Maronites de ce district qui étaient peu nombreux, furent obligés de se soumettre à leur domination, et s'ils n'ont pas été trop tourmentés par cette secte, c'est grâce à l'ignorance des gouverneurs qui ont eu besoin des chrétiens pour secrétaires. Ces secrétaires exerçaient une grande influence sur les cheiks et les entretinrent toujours dans des sentiments de bienveillance envers les chrétiens. Les principaux secrétaires et administrateurs de ces gouverneurs, étaient de la famille Dahdah, qui comme nous l'avons dit, obtint la seigneurie du district de Fétouh après que l'émir Joseph Chaab eût expulsé les Cheiks Mutualis de cette contrée.

Sous le gouvernement des Cheiks, les Mutualis possédaient les deux tiers de ces deux districts, mais actuellement ils sont à peine huit à dix mille dans tout le Liban, et les chrétiens sont propriétaires de presque toutes les terres qu'ils avaient possédées au xviie siècle.

CHAPITRE XV

Les Nossaïris

En 1173 les Musulmans de la tribu El-bate-nié qui habitaient dans les villages des environs de Taurous reçurent le baptême. Emerick, roi de Jérusalem, les exempta du tribut qu'ils devaient aux chevaliers du temple de cette ville.

Cette tribu porte le nom de son chef, Noussaïr ; sa religion est une mélange des pratiques des Druses avec celles des Mutualis; ils ont cependant conservé quelques fêtes et quelques usages chrétiens; ils habitent au delà de la frontière du Liban du côté du Nord.

6.

CHAPITRE XVI

Relations de la France avec le Liban.

Depuis le vᵉ siècle jusqu'à nos jours, un attrait tout particulier à créé des relations d'affection et d'alliance entre deux peuples : le Liban et la France. Après la conversion de Clovis, la France apprit qu'au tombeau du Sauveur, où le Christianisme avait pris naissance, et dans les montagnes du Liban se trouvaient des chrétiens professant les mêmes croyances et la même doctrine qu'elle-même ; son cœur toujours touché par la faiblesse, se tourna alors vers ces contrées malheureuses, et elle attendit patiemment le moment où elle serait assez forte pour aller les délivrer.

Au temps de Charlemagne, le kalife Aroun-al-Raschid ne crut pas pouvoir trouver de don plus digne du roi de France que celui des clefs de l'église du Saint-Sépulcre (1), et Charlemagne

---

¹ Eghinhard dans son histoire de Charlemagne, « *sanctissimum domini sepulchrum, ut illius potestati adscriberetur, concessit.* »

envoya en retour l'argent nécessaire pour res-
taurer les églises du Seigneur (1).

Plus tard, lorsque les cris de Pierre l'Ermite
trouvèrent un écho dans le cœur des preux du
moyen âge, et lorsque l'Europe se leva et partit
en répétant : « Dieu le veut ! Dieu le veut ! » les Croisés à leur arrivée en Syrie, virent descendre (2)
les Maronites de leurs montagnes avec des vi-
vres et des armes pour s'unir à eux et leur
servir de guides.

Le sang versé pour défendre le même culte,
resserra encore le lien d'estime et d'amitié qui
existait déjà entre la France et le Liban.

Le gouvernement du Liban fut rétabli, et les
émirs s'associèrent aux rois de Jérusalem ; à
cette époque, la protection de la France fut définitivement acquise à ces contrées, et n'a jamais
cessé de s'exercer jusqu'à nos jours. Elle fut
scellée par saint Louis à Saint-Jean d'Acre, par
une alliance dont il a signé l'acte lui-même,
comme nous le voyons dans sa lettre, conservée
dans les archives de notre patriarcat ; en voici le
texte :

LOUIS, ROI DE FRANCE,

« Au prince des Maronites du mont Liban,
« ainsi qu'aux patriarches et évêques de cette
« nation.

---

1 Balluz, dans son histoire.
2 Père Azar, dans son ouvrage intitulé : *les Maronites*.

« Notre cœur s'est rempli de joie, lorsque
« nous avons vu votre fils Simon, à la tête de
« 25.000 hommes, venir nous trouver de votre
« part, pour nous apporter l'expression de vos
« sentiments affectueux, et nous offrir des dons
« magnifiques. En vérité, la sincère amitié que
« nous avons commencé à ressentir si vivement
« pour les Maronites, pendant notre séjour en
« Chypre, où ils sont établis, s'est accrue encore
« bien davantage. Nous sommes persuadés que
« cette nation, que nous trouvons établie sous le
« nom de saint Maron, *est une partie de la na-*
« *tion française*, car son amitié pour les Français
« ressemble à l'amitié que les Français se portent
« entre eux. En conséquence, *il est juste que vous*
« *et tous les Maronites, jouissiez de la même*
« *protection dont les Français jouissent près*
« *de nous, et que vous soyez admis dans les*
« *emplois, comme ils le sont eux-mêmes.* Nous
« vous invitons, illustre prince, à travailler avec
« zèle au bonheur des habitans du Liban, et à
« vous occuper de créer des nobles parmi les
« plus dignes d'entre vous, comme il est d'usage
« de le faire en France. Et vous, seigneur pa-
« triarche, seigneurs évêques, tout le clergé, et
« vous peuple maronite, ainsi que votre noble
« prince, nous voyons avec une grande satis-
« faction, votre ferme attachement à la religion
« catholique, et votre respect pour le chef
« de l'Église, successeur de saint Pierre, à

« Rome; nous vous engageons à conserver ce
« respect, et à rester toujours inébranlables
« dans votre foi.

« *Quant à nous, et à tous ceux qui nous suc-*
« *céderont sur le trône de France, nous pro-*
« *mettons de vous donner, à vous et à votre*
« *peuple, protection comme aux Français eux-*
« *mêmes, et de faire constamment ce qui sera*
« *nécessaire pour votre bonheur.* »

Dans un contrat, les parties s'engagent mutuellement à garder les clauses convenues; le roi
demandait aux Maronites la conservation de
leur foi; ils l'ont gardée pure et intacte; la France
promettait de couvrir de sa protection ce peuple
héroïque; elle n'y a jamais manqué, comme
nous l'apprend l'histoire de ses rois jusqu'à
Louis XIV, et Louis XV qui, par les deux lettres
dont nous donnons ici le texte on voit combien
ils tenaient à suivre les traditions de leurs
aïeux.

« Louis, par la grâce de Dieu, roy de France
« et de Navarre; à tous ceux qui ces présentes
« lettres verront, salut, savoir faisons : que par
« l'advis de la reyne régente notre très-hono-
« rée dame et Mère, qu'ayant pris et mis, comme
« nous prenons et mettons par ces présentes
« signées de notre main, *en notre protection*
« *et sauvegarde spéciale,* le révérendissime Pà-
« triarche, et tous les prélats, ecclésiastiques et
« séculiers, chrétiens Maronites, qui habitent

« particulièrement dans le mont Liban : *nous*
« *voulons qu'ils en ressentent l'effet en toutes*
« *occurences*, et pour cette fin nous mandons à
« notre aimé et féal le sieur de la Hayewentelay,
« conseiller en nos conseils, et notre ambassadeur
« en Levant, *et à tous qui lui succèderont en*
« *cet emploi* de les favoriser, conjointement
« ou séparément, de leurs soins, offices, instan-
« ces et protection, tant à la Porte de notre très-
« cher et parfait ami le Grand-Seigneur, que par-
« tout ailleurs que besoin sera, *en sorte qu'il ne*
« *leur soit fait aucun mauvais traitement*, mais
« au contraire qu'ils puissent librement continuer
« leurs exercices et fonctions spirituelles. Enjoi-
« gnons aux consuls et vice-consuls de la nation
« française établis dans les ports et échelles du
« Levant, ou autres arborants la bannière de
« France, présent et à avenir, de favoriser de
« tout leur pouvoir le dit sieur patriarche et tous
« les dits chrétiens Maronites du dit mont
« Liban, et de faire embarquer sur les vaisseaux
« français ou autres les jeunes hommes et tous
« autres chrétiens Maronites, qui y voudront
« passer en chrétienté, soit pour étudier ou
« pour quelqu'autre affaire sans prendre ni
« exiger d'eux que le nolis qu'ils leur pourront
« donner, les traitant avec toute la douceur et
« charité possible, prions et requérons les
« illustres et magnifiques seigneurs, les bachats
« et officiers de sa hautesse, de favoriser et

« assister le sieur archevêque de Tripoli, et
« tous le prélats et chrétiens Maronnites,
« offrant de notre part de faire le semblable
« pour tous ceux qui nous seront recommandés
« de la leur.

« Donné à St-Germain en Laye, le 28e jour
« d'avril 1649 et de notre règne le 6e. »

« Signé : Louis »

« Louis par la grâce de Dieu, empereur et roy
« très-chrétien de France et de Navarre, à tous
« ceux qui ces présentes lettres verront : Salut.

« Le patriarche d'Antioche et les chrétiens
« maronites établis au mont Liban, nous ont fait
« représenter que de temps immémorial, leur
« nation est sous la protection des empereurs
« et rois de France, nos glorieux prédécesseurs,
« dont ils ont ressenti les effets en toutes occa-
« sions : Et ils nous ont très-humblement fait
« supplier de vouloir bien leur accorder nos
« lettres de protection et de sauvegarde : à
« l'exemple du feu roy notre très-honoré sei-
« gneur et bisaïeul, qui leur en fit expédier de
« pareilles le 28 avril 1649, et voulant de notre
« part traiter favorablement les exposants :
« pour ces œuvres et autres bonne considéra-
« tions, à ce nous mouvans; nous les avons pris
« et mis, comme par les présentes signées de
« notre main, nous les prenons et mettons en
« notre protection et sauvegarde; nous voulons

« qu'ils en ressentent les effets en toutes occu-
« rences; et pour cette fin, nous mandons à
« vos amés et féaux conseillers en nos conseils
« et ambassadeurs à Constantinople, consuls et
« vice-consuls de la nation française établis dans
« les ports et échelles du Levant, présents et à
« venir, de favoriser de leurs soins, offices et
« protection, le dit sieur patriarche d'Antioche,
« et tous les dits chrétiens Maronites du mont
« Liban, partout où besoin sera, en sorte qu'il
« ne leur soit fait aucun mauvais traitement,
« et qu'ils puissent continuer librement leurs
« exercices et fonctions spirituelles; car tel est
« notre plaisir. Prions et requérons le grand
« Empereur des musulmans, notre très-cher et
« parfait ami, et les illustres bachats et officiers
« de sa Hautesse, de favoriser et assister de leur
« protection le dit sieur patriarche d'Antioche,
« et tous les dits chrétiens Maronites, offrant
« de faire le semblable pour tous ceux qui nous
« seront recommandés de leur part; en foi de
« quoi nous avons fait mettre notre scel à ces
« dites présentes; données en notre château
« impérial de Versailles, le 12ᵉ jour d'avril, l'an
« de grâce 1737, et de notre règne le 22ᵉ. »

Signé : Louis.

Louis XVI, Napoléon Iᵉʳ et Louis-Philippe
continuèrent ces traditions et jusqu'à ce jour le
Liban n'a pas cessé d'être abrité sous les plis

du bienfaisant et loyal drapeau de la France.
Qu'on nous permette d'insérer ici une lettre que
nous avons reçu dernièrement et qui témoigne
de cette vérité :

« J'ai été empêché, à mon très grand regret,
« de répondre plus tôt à la lettre que vous m'avez
« fait l'honneur de m'écrire le 26 juin 1879. Je
« vous en remercie d'abord, et je veux profiter
« de l'occasion pour vous exprimer mes sen-
« timents sincères au sujet de la bonne nation
« Maronite. Votre présence a ravivé tous mes
« souvenirs du Liban. J'avais à peine sept ans
« lorsque je vis en revenir en costume du pays
« mon oncle et ma tante qui étant alors établis
« à Tripoli de Syrie, furent obligés de se réfugier
« dans la montagne, à l'occasion de l'expédition
« française en Egypte. Ce fut à Bechari qu'ils
« se retirèrent et ils y demeurèrent jusqu'à la
« fin de la persécution. Mon père qui était consul
« de France, à cette époque, en Syrie, était
« rentré en France avant la guerre, pour cause
« de santé. J'avais donc, depuis ce temps là,
« une faible connaissance de la nation Maronite
« par la tradition orale. Qui m'eût dit que je
« serais appelé à la compléter par ma propre
« expérience. En effet, j'ai occupé, successive-
« ment tous les consulats de France en Syrie,
« moins un. Je crois donc bien connaitre et le
« pays et ceux qui l'occupent. Je me hâte de
« dire que la nation Maronite est celle que

7

« je préfère de tout mon cœur, et comment en
« serait-il autrement ? Le Maronite est catholique
« dans l'âme, et français dans les sentiments.
« Il l'a prouvé depuis les Croisades jusqu'à nos
« jours. Le Français est chez lui dans le Liban.
« Il est à regretter que cela ne soit pas plus
« généralement connu. Mais on le savait pourtant
« bien à la cour, puisque lorsque je fus prendre
« congé de la reine Marie-Amélie, partant pour
« mon consulat de Damas, elle me dit, en me
« parlant des Maronites, les propres mots que
« voici : « Faites-leur le plus de bien que vous
« pourrez. » La divine Providence permet
« qu'aujourd'hui la situation soit tout autre que
« nous le voudrions. Cependant ne perdons
« point courage,

> Celui qui dans sa main tient la paix et la guerre
> Tranquille, au haut des cieux, règle à son gré la terre.

« Mon dévouement pour les Maronites est vif,
« sincère, et affectueux, croyez-le bien et veuillez
« agréer les assurances de la haute considération,
« avec laquelle j'ai l'honneur d'être, etc.

Signé : Vattier de Bourville.

Lorsque pour nous se levèrent les jours malheureux de 1860, jours de sanglante mémoire,
appelés par l'histoire *massacres* du Liban, Napoléon III informé de ces crimes nous envoya
la flotte française, qui dès son arrivée fit tomber la hache des mains de nos ennemis. S'il
reste quelques débris de la chrétienté du Liban,

nous le devons à cette noble nation qui a pleuré nos malheurs et nous a tendu sa main secourable. Combien n'ai-je pas été douloureusement ému et agréablement surpris de rencontrer dans une famille de France, une jeune fille libanaise, qui, à l'âge de 14 mois avait eu la tête fendue d'un coup de sabre ; son père et sa mère ayant été massacrés, l'enfant devait subir le même sort ; les généraux français recueillirent la petite fille qu'une Providence inespirée avait empêchée de mourir. Elle fut amenée en France, par un commandant qui, en passant à Rome, la montra à Pie IX en lui disant : « Saint-Père, voici l'état des chrétiens du Liban. » Pie IX fondit en larmes et prenant, l'enfant, la baptisa, lui donna son nom ; on l'appelle Pia. Pia a été adoptée par une riche famille de Paris ; ses père et mère adoptifs lui ont fait donner une brillante éducation, et l'ont mariée dans leur demeure. Qu'on me permette de taire le nom de cette famille si généreuse.

Ce que la générosité française a fait pour cette enfant, elle l'a fait pour beaucoup d'autres que ces horribles massacres avaient rendus orphelins. Si l'on veut connaître à la fois les désastres de 1860, qui ne firent que renouveler celui de 1846, et la confiance que les Maronites ont toujours mis dans les Français, qu'on lise la lettre adressée aux dames françaises par Mgr l'archevêque de Tyr et Sidon, le 20 octobre 1846.

« Aux femmes de la France, dont les vertus,
« la grâce et la piété sont des perles sans tâche,
« Dieu accorde la vie éternelle !

« Après avoir adressé au Dieu tout-puissant,
« créateur de toutes choses, nos ferventes
« prières, pour qu'il conserve votre vie et votre
« santé, et qu'il répande sur vous les trésors de
« ses grâces, nous vous dirons que nous avons
« déjà envoyé au peuple français une adresse
« de la nation maronite et de nous, dans la-
« quelle nous rapportons les maux inouïs dont
« les Druses et autres infidèles nous ont acca-
« blés, ainsi que les autres catholiques de Syrie.

« Toute l'Europe connaît d'une manière cer-
« taine cette épouvantable catastrophe, cette
« guerre impie dans laquelle le sang du juste a
« coulé comme l'eau ; les églises, les couvents, les
« collèges ont été ruinés ; les femmes, les jeunes
« filles, les vierges consacrées au Seigneur ont
« été l'objet d'odieuses violences ; les images
« saintes, les croix bénies ont été livrées aux
« flammes ; les ministres de Dieu sont devenus
« le jouet des barbares ; les demeures des chré-
« tiens ont été renversées et toutes leurs pro-
« priétés saccagées jusqu'à deux et trois fois.

« Personne n'ignore aujourd'hui la profonde
« misère à laquelle se trouvent réduits les chré-
« tiens : nus, affamés, fugitifs, errants dans les
« déserts et les lieux sauvages, n'ayant pour
« toute nourriture que des herbes bouillies, pour

« couche la terre dure, pour toit le ciel ; car de
« tout ce qui leur appartenait, il ne leur reste
« plus rien qu'un sol inculte et dévasté. Il y a
« bien longtemps, depuis la première et la se-
« conde guerre, que nous gémissons sous le
« poids insupportable de ces amères tribula-
« tions ; il y a sept années que cela dure, il y a
« sept années que nous nous résignons ; beau-
« coup d'entre nous sont déjà morts, écrasés
« sous le poids de leurs maux.

« A peine, en effet, avions-nous relevé comme
« nous l'avions pu, nos églises et nos maisons,
« et réparé autant qu'il nous était possible, nos
« désastres, que les ennemis se sont levés tout
« à coup, et plus encore que dans la première
« guerre, ils ont de nouveau détruit et ravagé
« tout ce qui nous avait coûté tant de peine à
« renouveler. Tous les maux dont ils nous acca-
« blèrent furent accompagnés d'horribles bar-
« baries ; comment vous raconter ces choses ?
« les petits enfants déchirés en deux parts ; d'au-
« tres hachés à coups de sabre avec le sein qu'ils
« suçaient encore, avec les mains maternelles
« qui cherchaient à les garantir, d'autres tom-
« bant sur le corps de leurs mères, percés du
« coup qui leur donnait la mort ; les ennemis
« n'ont pas même respecté les pauvres créatures
« qui n'avaient point encore vu le jour ; ils les
« arrachaient par une large blessure du sein qui
« les recélait encore ! Une foule de femmes et

« d'enfants périrent de ces différentes manières.
« Beaucoup de vierges furent déshonorées ; beau-
« coup reçurent la mort en défendant leur pu-
« reté ; d'autres furent tuées par les barbares
« qui la leur avait ravie ? Beaucoup se tuèrent
« elles-mêmes en se précipitant des terrasses
« pour sauver leur virginité ? Il serait trop long
« de vous raconter tous ces lugubres détails.

» Comment pourrions-nous résister, nous que
« la famine affaiblit et décime chaque jour ? beau-
« coup d'entre nous d'ailleurs vivent hors de leur
« pays, errants dans les déserts et dans les lieux
« sauvages, et ne peuvent relever les ruines de
« leurs demeures ; et pourtant ils n'ont aucun
« autre abri semblable à l'éclair, nos plaintes
« ont parcouru la terre, et l'univers entier a vu
« nos larmes ; nous nous sommes adressés à
« toutes les puissances chrétiennes et surtout à
« la France pour laquelle nous prions chaque
« jour ; et de tant de pleurs, de tant de suppli-
« ques adressées, tant par nous que par nos dé-
« légués, nous n'avons rien retiré, rien qn'un
« surcroît de douleurs et d'afflictions de la part
« de nos ennemis ! Cela vient-il de la volonté
« de Dieu ou de la dureté du cœur de nos
« frères chrétiens de l'Europe ? Nous ne le sa-
« vons pas. Et pourtant, l'on connaît notre
« faiblesse, notre pauvreté, notre misère ; l'on
« a entendu les sanglots de nos enfants, de
« nos veuves et de nos orphelins ; l'on a vu

« verser le sang des justes dont la voix est
« montée jusqu'au cœur de Dieu... Oh! si les
« arbres avaient une langue, ils parleraient pour
« appeler sur nous la miséricorde, pour qu'on
« nous délivrât de ces maux ; les pierres elles-
« mêmes rendraient témoignage en notre faveur
« et diraient que nous sommes dignes de salut
« et de pitié.

« Vous savez tout ce qui s'est passé, vous,
« vers lesquels nous n'avons cessé de crier, nous
« avez-vous donné quelque preuve du désir que
« vous aviez de nous sauver ? Que la sainte vo-
« lonté de Dieu soit faite ! Nous en appellerons
« maintenant à la miséricorde du Dieu tout-puis-
« sant, gloire à son nom ! nous en appellerons à
« la miséricorde de la Sainte Vierge Marie, mère
« de Dieu, reine des Saints, fontaine des miséri-
« cordes, médiatrice de nos prières auprès de
« Dieu et dispensatrice de ses grâces, nous en
« appellerons à cette mère sublime du genre hu-
« main, à cette mère de toutes les mères et de
« toutes les femmes ; nous en appellerons à toutes
« ces femmes zélées pour le bien, qui font l'hon-
« neur de la France ; nous leur ferons entendre
« nos plaintes, nos gémissements et nos sanglots,
« et nous leur demanderons pitié ! Pitié pour nous !
« ô femmes chrétiennes de la France et de l'Eu-
« rope, délivrez-nous de nos ennemis, faites-nous
« rendre notre prince et sa famille, et vous nous
« aurez rendu notre liberté.

« Nous savons que vous pouvez le faire, car
« c'est par la main des faibles que Dieu se plaît à
« manifester sa puissance. N'est-ce pas par
« Moïse, Aaron et Marie qu'il a voulu sauver le
« peuple hébreux ; par Judith qu'il a sauvé Bé-
« thulie, par Esther qu'il a mis un terme à la
« captivité d'Israël , enfin, par la Sainte Vierge
« Marie, gloire à son nom ! qu'il a voulu sauver
« le monde.

« O nobles femmes de la France, vous dont
« le courage, la charité, le zèle ardent et la sen-
« sibilité ont souvent fait la gloire de votre patrie,
« le doux parfum de vos vertus est arrivé jusqu'à
« nous ; et nous avons appris tout le bien que
« vous avez fait au saint Pontife Pie VII, quand
« il se trouvait parmi vous ; nous l'avons su, car
« de concert avec les princes de l'Eglise, il a
« rendu hommage à vos mérites; nous avons su
« que c'est vous, qui, par vos dons, par votre
« protection, avez assuré le salut de la Grèce. Sa
« liberté lui vient de Dieu et de vous. Elle est
« libre maintenant ; ne jetterez-vous pas un re-
« gard sur nous, que le baptème, la foi et la sainte
« table font vos frères ? N'avons-nous pas un
« même chef à Rome, et ne sommes-nous pas
« une église catholique ? Nous, Maronites, ne
« vous sommes-nous pas liés d'une manière toute
« spéciale, nous, dont le sang mêlé au vôtre n'est
« autre chose que votre sang ! Nos enfants sont
« vos enfants ; car à l'époque des Croisades nous

« marchions ensemble à la conquête de la Terre -
« Sainte. De nombreuses alliances nous ont fait
« les parents de vos pères ; beaucoup d'entre nous
« sont français d'origine, parce qu'un grand nom-
« bre de Croisés se sont fixés dans nos monta-
« gnes ; et pourtant aujourd'hui, ils sont Maro-
« nites. Puis, ô Français, ne sommes-nous pas
« liés à vous par le cœur ? et c'est encore cette
« raison qui nous fait dire que notre sang et notre
« honneur sont les vôtres. Nous sommes vos en-
« fants, car il y a bien longtemps que nons vivons
« à l'ombre de vos ailes. Une multitude de Maro-
« nites ont versé leur sang pour l'amour et pour
« la cause de la France. Les malheurs dont nous
« parlons surtout ont frappé les diocèses de Bey-
« routh et de Saïda qui embrassent la Terre-
« Sainte, Sour, Acca, Nazareth, Haïffa, Jaffa,
« Jérusalem, Bethlsem, Naplouse, jusqu'à Da-
« mas. Depuis quarante ans que je suis l'hum-
« ble serviteur de ce diocèse, je n'avais jamais
« vu, jamais ouï dire qu'une semblable déso-
« la tion eût affligé les chrétiens de Syrie.

« Je n'ai point été épargné ; tout ce qui
« m'appartenait a été deux fois saccagé ; l'on ne
« m'a pas même laissé mon anneau, ma mitre, et
« mon bâton pastoral, car j'ai été forcé de fuir
« pour sauver ma vie, avec les seuls habits qui
« couvraient mon corps ; maintenant, il ne me
« reste absolument rien, et sans la charité de
« notre saint patriarche, qui m'a recueilli, je

« serait mort comme tant d'autres, de faim et de
« misère. Que le nom de Dieu soit béni. »

« Mais aujour d'hui, mon diocèse, tout le peu-
« ple maronite et moi, nous avons une véritable
« espérance ; car c'est à Dieu, c'est à sa sainte
« Mère, c'est aux femmes chrétiennes de la France
« et de l'Europe que nous adressons nos prières.
« Femmes françaises, agneaux de Jésus-Christ,
« vous dont le zèle est comme une perle précieuse
« devant le Seigneur, soyez bénies ! Vous dont les
« cœurs s'ouvrent à la pitié, vous qui avez des
« entrailles de miséricorde, ayez pitié de nous ! »

« Prêtez l'oreille à nos cris, et rachetez le
« sang de ce qui reste d'Israël, de ce qui reste de
« Maronites, sauvez leur vie, venez en aide à leur
« faiblesse, faites leur rendre leur honneur qui
« engage le vôtre ; nous vous en conjurons par
« le sang de Jésus-Christ, car c'est par lui que
« vous êtes nos sœurs, arrêtez le bras de nos
« ennemis, mettez un frein à leurs bouches qui
« nous hurlent l'injure, parce que nous sommes
« vos frères. O femmes de la France et de l'Europe
« chrétienne, pieux soutiens de l'Eglise catholique
« et du saint vicaire de Jésus-Christ, c'est à vous
« que nous avons recours, car nous savons que
« les chrétiens de France ont toujours été le plus
« ferme appui du Saint-Siége. O France, France,
« noble tribu de Juda, fille aimée de David, avez-
« vous donc oublié vos labeurs et vos fatigues,
« votre sang versé aux plages de Syrie, vos morts

« qui reposent dans cette terre de Syrie, et votre
« glorieuse protection pour cette terre sacrée?
« Qu'est devenu votre honneur? Avez-vous oublié
« que mon pauvre diocèse est celui qui donna
« naissance aux patriarches, aux prophètes, aux
« saints, aux bienheureux apôtres, à la vierge
« Marie et au Sauveur du Monde? Souvenez-vous
« que votre salut, la vie de votre âme et de votre
« corps, votre délivrance de la servitude de Satan
« sont sortis de ce diocèse; souvenez-vous que
« c'est là que les portes du ciel se sont ouvertes
« pour vous et que l'homme a été élevé en gloire
« au-dessus des anges par l'alliance de sa nature
« avec celle de Dieu lui-même !

« Voulez-vous laisser périr tous les chrétiens
« de ce diocèse, tous ceux qui habitent cette mon-
« tagne sainte dans laquelle, malgré son désir,
« Moïse ne put entrer ? Qu'avez-vous fait de cette
« foi, de cette charité, filles ardentes du christia-
« nisme? qu'avez-vous fait de ces paroles de Jésus-
« Christ. Gloire à lui! : «Aimez-vous les uns les
« autres comme je vous ai aimés ! » de ces paroles
« de l'apôtre : « La foi sans la charité, ne sert de
« rien »; de ces paroles de saint Paul : « Quand
« j'aurais accompli toutes les prescriptions de la
« loi, fait des miracles, livré mon corps aux
« flammes, si je n'ai la charité, cela ne me sert de
« rien. » Où donc est le zèle des chrétiens? Ne
« sont-ils pas un seul corps ? Les Maronites ne
« sont-ils pas un doigt de ce corps? Comment se

« fait-il qu'ils n'aient pas ressenti leurs douleurs ?
« qu'ils viennent à Saïda et dans les autres lieux !
« Ils verront nos ruines, ils verront nos enfants
« dévorés dans les déserts par les bêtes sauvages,
« Devons-nous dire qu'il n'y a plus de compassion.
« plus de charité sur la terre ? Et quand tous aban-
« donneraient les Maronites, les Français de-
« vraient-ils les abandonner ? Les Maronites sont
« leurs enfants ; toujours ils ont combattu dans
« leurs rangs, et sans ces deux nations ils ne res-
« terait plus rien des vestiges sacrés de la Terre-
« Sainte.

» O femmes de la France, ô filles de la Vierge
« des douleurs, consolez-nous et venez nous sau-
« ver ; et pourtant pardonnez aux paroles d'un
« vieillard ; comment pourrait-il se taire, lui
« dont la blessure est la plus cruelle, lui qui plus
« que tous les autres a des larmes à verser sur
« lui-même et sur son troupeau. Deux cents
« membres de ma famille ont été massacrés par
« les infidèles ; je ne parle pas de ceux qui sont
« morts de misère, toutes les églises, tous les
« couvents, tous les séminaires de mon diocèse et
« ma propre maison archiépiscopale ont été dé-
« truits deux fois ; un grand nombre de mes prê-
« tres et de mes religieux ont été égorgés, et
« moi-même je suis resté comme nu au sortir du
« sein de ma mère. Nous vous prions donc,
« femmes françaises, vous tous, peuple maronite,
« hommes et femmes, enfants et vieillards, reli-
« gieux et religieuses, prêtres et laïques, d'appe-

« ler sur nous la miséricorde, de nous faire ren-
« dre notre prince et sa famille, et de nous aider
« par tous les moyens qui sont en votre pouvoir.
« Nous prierons le Dieu tout puissant, d'accroître
« vos vertus, votre gloire, et votre vie dans tous
« les siècles. *Amen, amen.* »

20 octobre 1846.

« Signé † Abdallah Boustani, archevêque de
« Saïda et tous les fidèles Maronites de son dio-
« cèse, accablés de douleurs? »

Mgr Paul Massad, notre patriarche actuel, n'a
pas voulu laisser • tomber en désuétude ces traditions si douces au cœur des Maronites. Venu
à Rome en 1867 pour le centenaire de Saint
Pierre, il ne voulut point retourner au Liban
sans renouveler à la nation française et à son
souverain les témoignages d'affection et de respect que notre nation a toujours été fière de lui
rendre.

Dès son arrivée à Paris, Sa Béatitude offrit à
l'empereur Napoléon III les hommages de sa nation et fut invité par Sa Majesté à dire la sainte
Messe aux Tuileries. Leurs Majestés s'entretinrent ensuite avec lui : « Monseigneur, lui dit
l'empereur, vous savez combien la France aime
votre pays et s'intéresse à sa prospérité, vous
êtes le premier patriarche des Maronites qu'ait
vu mon peuple, je suis heureux de vous recevoir au milieu de nous. Vous connaissez les besoins de ces Français de l'Orient, dites-les moi,

et je suis disposé à vous accorder tout ce que vous demanderez. » Le Patriarche répondit : « Sire, les Maronites ont toujours été redevables à la France, ils le seront toujours. Leur besoin est d'être entourés de la protection de son gouvernement et de l'affection de son peuple.

L'empereur parut ému, et quelques jours après, Monseigneur Paul Massad, patriarche des Maronites, recevait la croix de la Légion d'honneur.

L'accueil fait à sa Béatitude et les assurances qu'elle emporta de l'amour des Français, rendirent heureux tous les enfants du Liban.

Du reste il y a dans le pays même des preuves de l'antiquité de nos rapports avec la France. Plusieurs familles Libanaises portent des nom français. J'ai retrouvé en France les noms des Bekrek, des Kerkemas, des Jouin, des Donat qui ne m'étaient pas inconnus ; à Gazir, une famille fort ancienne porte le nom de Jouin. A Fétouh, une autre s'appelle Kerkemas, nom d'origine Bretonne; Bekreck est un nom flamand qui se retrouve au Liban, comme Donat nom assez commun en France.

Différents lieux ont aussi gardé une dénomination toute française : telle est la *Fontaine de la joie* dans le district de Fetouh et le fleuve de l'*Amour* non loin de Sidon. La petite ville de Dorat dans la Haute-Vienne est aussi représentée au Liban par un village aux pieds de Balbeck.

Pour résumer tout ce chapitre, nous pouvons dire que les Maronites n'ont jamais cessé de regarder la France comme leur mère. Ils étaient pleins d'une noble fierté quand ils la voyaient belle, puissante et respectée des autres nations. Les regards de cette tendre mère qui parcouraient sans cesse les plages du monde pour y trouver des malheurs à secourir se sont arrêtés avec complaisance et amour sur ses enfants du Liban ; elle leur a toujours prodigué les témoignages de sa tendresse maternelle par la vivacité de ses sympathies, et l'efficacité de son assistance. Grâce à Dieu, cette mère n'a jamais pu reprocher à ses enfants d'Orient le manque de respect ou l'ingratitude. Jamais dans nos actes nationaux nous n'avons agi qu'après avoir conféré avec ses agents et consulté son gouvernement. Pour savoir combien les Maronites ont été fidèles à la France on n'a qu'à consulter les archives du ministère des affaires étrangères et qu'à lire attentivement les rapports que les anciens représentants de la France ont envoyés à leur gouvernement sur l'attachement de ce peuple à leur patrie. Si les rapports des temps présents ne sont pas conformes aux anciennes traditions, le ministre n'a qu'à bien examiner et il pourra constater facilement qu'ils auraient dû rester les mêmes, car je puis affirmer que les sentiments des Maronites envers la France n'ont pas changé et ne changeront jamais.

Quand la France est dans l'affliction, le contre-coup en retentit dans le cœur des Maronites. Les consuls ont été témoins de notre douleur et de nos prières en 1870. Notre gouvernement de Constantinople, lui-même, a toujours respecté l'union de ces deux peuples, frères par le sang et la foi ,et a toujours consenti au protectorat de la France dans les Lieux-Saints, protectorat qui a encore été confirmé tout récemment au Congrès de Berlin.

La gloire de la France, par une permission spéciale de la Providence a été un peu éclipsée, mais la foi vit encore au cœur de la nation ; la sève est endormie dans l'arbre, mais elle n'attend qu'un printemps pour monter et s'épanouir en fleurs et en fruits. Ce printemps arrivera bientôt, si Dieu exauce nos prières et nous reverrons notre mère adoptive belle et forte comme autrefois. Alors nos cœurs se dilateront de joie et nous pourrons nous écrier comme le père du Précurseur : « *Benedictus Deus Israel quia visitavit et fecit redemptionem plebis suœ* » (L. I, 68).

DEUXIÈME PARTIE

CHAPITRE PREMIER

Mes adieux et mon départ de Beyrouth ; mon arrivée en France.

Quand l'archevêque de Beyrouth eut décidé que je viendrais en France avec un confrère pour nous perfectionner dans la langue, y étudier les usages et les mœurs afin de les apprendre à nos frères du Liban, j'allai auprès de Sa Béatitude le Patriarche lui demander sa bénédiction. Il me témoigna la tendresse la plus paternelle et me dit: « Allez, cher enfant, je vous bénis de tout mon cœur et vous félicite de ce que vous allez vous mêler à un clergé modèle dans l'Eglise catholique. Je vous recommande bien d'avoir avec lui de bonnes relations afin de lui laisser une impression favorable ». Je promis à Sa Béatitude de faire apprécier nos peuples autant qu'il serait en mon pouvoir pour leur conserver l'amour des Français. Je me jetai ensuite à ses pieds le cœur ému, les yeux mouillés de larmes et reçus dans la plénitude de sa tendresse apostolique une affectueuse bénédiction.

Je revins vers l'archevêque de Baalbeck à la juridiction duquel j'appartenais ; c'est de sa main que j'avais été promu aux ordres sacrés.

Cette circonstance dans la vie d'un prêtre établit entre le consacrant et l'ordonné un lien qui ne se rompt jamais. Monseigneur, m'a dit : « Il me coûte de vous voir partir, nous comptions sur votre concours et votre zèle ; mais comme votre voyage sera utile à nous et à notre diocèse, nous vous accordons cette permission, et nous prions le bon Dieu de tout notre cœur de vous accompagner et de vous rendre bientôt à notre pays.

Je me présentai ensuite à l'archevêque de Damas, Mgr Dadah qui, avec sa bénédiction, me donna beaucoup de conseils que je pourrais intituler : le *Guide de mon voyage*.

Obéir n'était qu'agréable, mais obtenir de ma famille le consentement, était la véritable difficulté. Je dus prier sa grandeur Mgr l'archevêque de Balbeck d'obtenir le consentement d'un oncle vénéré que je chérissais tendrement. Mon oncle est supérieur du couvent de Mar-Rouhana, vicaire général de l'archevêché de Balbeck, examinateur de ceux qui, réguliers ou séculiers, se destinent à la dignité sacerdotale. Il me prit en affection dès mon plus jeune âge, et voulut lui-même se consacrer à mon éducation.

Lui parler de mon départ me paraissait impossible. Devant la volonté de Dieu manifestée par la bouche de l'archevèque, mon oncle consentit.

Nous ne pûmes échanger une parole d'adieu, nos sentiments se traduisirent par des larmes; pendant son sommeil j'entrai furtivement dans sa chambre, je l'embrassai une dernière fois, baisai sa main, et m'éloignai priant Dieu de m'aider dans ce sacrifice et de m'accorder de revoir encore cet oncle, mon bienfaiteur et mon meilleur ami.

Le consentement de mon père devait achever les émotions douloureuses de ce départ : déjà le bruit de mon voyage en France avait transpiré au dehors, mes frères et mes sœurs en avaient eu quelques soupçons; ils vinrent se ranger auprès de notre père pour apprendre de sa bouche la vérité de ces on-dit. Craignant que les larmes que j'allais lui faire verser ne fissent défaillir mon courage, je résolus de voir mon père seul à seul. Dix jours s'écoulèrent, je n'avais pas encore saisi le moment propice, quand la surveillance devenant moins active, je le priai de m'accorder quelques instants d'entretien Je lui fis connaître dans cette suprème et solennelle entrevue qui devait être la dernière, la volonté du patriarche et des évèques, et ma résolution de ne pas m'y opposer. « Mon voyage ne sera pas long, ac-« cordez-moi, mon père, votre consentement et « votre bénédiction !

— « Ce n'est pas une bonne nouvelle que vous
« m'apprenez, mon enfant, me dit-il, je suis au
« seuil de la tombe et vous allez me quitter!

« J'aurais désiré que votre voyage fût ajour-
« né après ma mort, j'eusse aimé d'être assisté
« de vous à ma dernière heure. Mes jours ne
« seront plus bien longs, si je pouvais croire
« votre présence indispensable, au salut de mon
« âme, je retarderais votre départ, et j'oserais
« dire à votre archevêque que l'âme d'un père
« a des droits imprescriptibles; mais Dieu
« m'aidera, allez! Que mon affection paternelle
« ne soit pas pour vous une cause de désobéis·
« sance à vos supérieurs ecclésiastiques et de
« péché pour moi. Je vais employer le reste de
« ma vie à faire une pénitence qui préparera
« mon âme à faire le voyage de l'éternité. Allez
« partout où Dieu vous demande, et quand on
« vous annoncera ma mort, souvenez-vous que
« vos devoirs de fils chrétien vont au-delà du
« tombeau, vous prierez pour moi. » Je me mis
à genoux, et mon père levant les mains me
bénit.

Je compris que je lui disais adieu pour ne plus
le revoir et mon cœur en ressentit un indicible
déchirement. A ces funérailles anticipées, est-il
une âme qui puisse rester insensible! Je crus
mourir.

Mes frères et mes sœurs à la garde desquels
je venais d'échapper, poussés par une curiosité

bien légitime, grimpèrent sur des échelles et l'œil fixé à une petite ouverture, avaient assisté à cette scène d'adieu; il en résulta quelques jours de lutte, bien des larmes, et puis je m'enfuis.

Mon père est mort avant mon retour comme il l'avait pressenti. A sa dernière heure il réunit ses enfants, leur accorda sa bénédiction et ajouta : « *A celui qui est loin de nous*, dites-lui que « je le bénis deux fois. » Ce furent les dernières paroles. Elles me furent transmises, et lorsque je les reçus, je m'agenouillai devant le saint sacrement, et unissant mon holocauste à celui de Jésus-Christ, je laissai couler mes pleurs...

Arrivé à Beyrouth, j'y trouvai mon compagnon de voyage, notre archevèque nous bénit, et nous allâmes prier ensuite au tombeau du Sauveur.

Une foule d'amis et de connaissances nous accompagnèrent jusqu'au port où nous nous embarquâmes sur le vaisseau français l'*Alphée*, puis on leva l'ancre. Le vaisseau cinglait au nord et lentement le rivage disparut à nos regards, les montagnes du Liban ne nous montrèrent plus que les cîmes neigeuses qui bientôt se perdirent dans le lointain : nous étions en pleine mer. Nous abordâmes à Alexandrie, et le navire y mouilla deux jours; nous en profitâmes pour visiter cette ville à laquelle se rattachent tant de souvenirs. Nous n'espérions plus trouver d'amis. Dieu nous gardait cependant

encore une de ces jouissances doublement chères
au voyageur sur une terre inconnue. Les RR.
P.P. Moukarzel et Michel Simon, curés de notre
église Maronite en cette ville, nous reçurent
très fraternellement et nous souhaitèrent un
prompt retour.

Après les avoir quittés, nous retrouvâmes
l'isolement! cet isolement qui jette le cœur dans
un vide plus profond que les mers, plus grand
que le monde! Quelle est l'âme ayant ressenti
cette impression de l'exil qui, effrayée de sa soli-
tude, n'ait imploré le regard du Créateur, et
l'appui d'un compagnon de route. « Eh bien!
dis-je à mon confrère, vous êtes désormais mon
seul ami comme je suis seul à être le vôtre,
vous pouvez compter sur moi comme je compte
sur vous. » Il me pressa la main et un silence
éloquent confondit nos deux âmes dans une
commune affection et une commune prière·
Mais peu de temps après, la mer, calme jusque
là, nous fit entendre de sourds mugissements, et
soulevant bientôt ses flots écumeux, nous
donna le spectacle d'une tempête, au Sud la
Corse; pendant quatre jours le vaisseau menaça
de sombrer, nous nous confessâmes l'un l'autre
et attendîmes la mort. Après une lutte héroïque,
l'*Alphée* vainqueur de l'ouragan, fier et tran-
quille, continua sa marche. Les regards tournés
vers la terre, nous bondîmes de joie en voyant
poindre dans un lointain horizon le clocher de

Notre-Dame de la Garde : c'était la France ! Il
nous tardait de mettre le pied sur ce sol aimé,
et déjà oubliant la tempête et les souffrances,
nos cœurs s'épanouissaient de vie. Nous comptions les instants qui nous séparaient du moment où on jetterait l'ancre, quand le capitaine
virant de bord donna ordre de continuer la
marche. Nous sommes à Marseille, crièrent d'une
seule voix tous les passagers, où nous menez
vous ? — Au Lazaret, répondit froidement le
capitaine, et inflexible il nous éloigna du rivage.
On n'entendit que plaintes et murmures ; nous
arrivâmes à la quarantaine. Nous n'avions pas
de malades à bord, quoique ayant traversé
Naples où sévissait le choléra ; mais il était
prudent de séjourner dix jours dans l'île, c'est
ce à quoi nous fûmes condamnés.

Dans cette île bientôt remplie de monde, nous
trouvâmes à peine à nous loger, mais nous eûmes
une église pour dire la messe, ce qui nous fut un
dédommagement bien agréable. Nous commen-
cions à languir dans cette attente, et cinq jours
seulement s'étaient écoulés, quand j'entendis appeler en plein champ : le père Zouaïn ? où est le père
Zouaïn ? C'était une lettre de Marseille ; elle m'apprenait que nous étions attendus par une famille
amie de l'archevêque de Beyrouth qui avait bien
voulu nous recommander à elle ; tout ce dont nous
avions besoin nous était offert, le plus pressant,
était de quitter le Lazaret ; mais il fallait attendre.

Notre dizaine achevée, nous vinmes à Marseille, nous fûmes accueillis par M. Elias Dahdah. Son aimable réception nous fit oublier que nous étions loin de la patrie, et ouvrant nos cœurs à ceux qui nous ouvraient les bras, nous nous crûmes Français.

Monsieur Dahdah, Libanais d'origine, appartient à la plus antique noblesse de nos pays.

Nous allâmes dès le lendemain offrir nos hommages à la Vierge de la Garde qui avait bien voulu nous préserver des périls de la mer.

M. le comte et Mme la comtesse de Villeneuve Flayosc prévenus aussi de notre voyage en France par le R. P. de Villeneuve, jésuite de Gazir, se tenaient au courant de notre arrivée ! Quand ils la connurent, M. le comte de Villeneuve daigna venir exprès de Roquefort près Aubagne, à Marseille, pour nous emmener nous reposer dans son château; mon compagnon souffrant, dut y renoncer; j'allai seul au sein de cette noble famille qui me combla de soins et d'égards, et ne me laissa prendre congé d'elle sur mes instances réitérées que dix jours après.

La différence des climats ne nous permit pas de passer l'hiver à Paris, nous dûmes rester près d'Hyères. Ce n'est qu'au printemps qu'il nous fut possible de nous mettre en route pour la capitale; mon compagnon toujours malade dut s'arrêter à Tarascon chez les PP. Prémontrés qui de bon cœur lui donnèrent l'hospitalité. Je le quittai pour continuer mon voyage et je fus bientôt à Paris. Je descendis à l'hôtel des Missions Étrangères qui m'avait été indiqué comme très recommandable pour les ecclésias-tique.

CHAPITRE II

Premier voyage. — Quêtes dans le Nord.

Après un séjour d'un mois à l'hôtel des Missions Étrangères, je demandai l'hospitalité à l'école des Carmes où je fus accueilli par son digne Supérieur, par tous les éminents professeurs et les jeunes prêtres choisis dans tous les diocèses pour y recevoir une instruction supérieure ; tous m'ont entouré des témoignages de la plus sincère affection. Ce fut là que je séjournai pendant deux ans, 1874 et 1875. Après avoir passé en France ce temps suffisant pour en étudier les institutions, j'étais sur le point de retourner dans mon pays, quand je reçus de l'archevêque de Beyrouth une lettre m'annonçant qu'il quittait Rome, où il avait passé quelque temps, et me priait de l'attendre à Paris. A son arrivée il me parla de la nécessité de fonder un collège à Beyrouth et de l'impossibilité d'achever cette entreprise sans le secours des chrétiens d'Europe. La propagation de la foi, et l'œu-

vre des écoles d'Orient ne pouvant nous venir
en aide, tant leurs charges sont grandes, je reçus ordre de faire appel à la charité française.
Une lettre confirma ma mission et me servit
d'autorisation.

Monseigneur l'Archevêque de Beyrouth venait
de recevoir à Paris la visite de M. Sens, député
du Pas-de-Calais qu'il avait eu l'honneur de connaitre au Liban ; heureuse et flattée de cette
amicale démarche, Sa Grandeur se décida à y
répondre avant son départ en acceptant l'invitation qui lui avait été faite d'aller voir Arras et
de s'y reposer quelques jours. Nous partîmes
Monseigneur, son médecin et moi. Arrivés à
Amiens, nous fîmes halte pour saluer l'évêque
de ce diocèse, mais il était absent.

M. Sens, un bon ami des Orientaux, attendait
Sa Grandeur à la gare. A notre arrivée il voulut bien mettre à la disposition de l'Archevêque
sa maison, son personnel, ses chevaux et ses
voitures.

Nous restâmes trois jours à Arras.

Il fallut enfin prendre congé du digne ami qui
avait su par une splendide et affectueuse réception, faire contracter à sa Grandeur une dette de
gratitude.

Nous partîmes de là pour Cambrai ; mais ayant
appris que son Eminence le cardinal Regnier se
trouvait à Douai, Sa Grandeur Monseigneur

Debs voulut y aller pour lui présenter ses hommages.

Une retraite d'institutrices laïques finissait ce même jour. Mgr Debs prié de bénir ces modestes collaboratrices de l'enseignement et de leur faire une allocution, ne put se refuser à cette aimable invitation.

Nous allâmes jusqu'à Valenciennes où nous fûmes accueillis au collège de Notre-Dame.

Monseigneur Debs me quitta là pour prendre la voie de la Belgique et de Vienne, afin de retourner à Beyrouth.

Ce ne fut pas sans émotion que je vis sa Grandeur retourner dans mon pays, et me laisser seul en France où j'aurais eu un si grand besoin de son appui. Mais mon devoir ne me permettait pas de m'arrêter à mon désir de retourner au Liban, désir que je sentais se réveiller en moi ; je fis taire mon cœur de Maronite et commençai ma mission dans cette ville.

Mes efforts y furent couronnés de succès comme dans tous les pays que j'ai parcourus ; les produit des quêtes fut envoyé à Monseigneur l'Archevêque de Beyrouth, qui peu de jours après remercia les bienfaiteurs par une lettre qui fut insérée dans l'*Univers* et les autres journaux catholiques.

CHAPITRE III

Discours au comité catholique

Après avoir parcouru quelques villes du Nord et du Pas-de-Calais, je revins à Paris.

Je fus invité à parler de l'Orient devant l'Assemblée générale du comité catholique. La parole me fut donnée par M. de Belcastel; le lendemain, je fus prié par le président des commissions du Comité de leur faire connaître la mission dont j'étais chargé par Monseigneur Debs.

Ces Messieurs s'informèrent avec intérêt de œuvre des Maronites fondée en France en 1848. Je ne savais pas qu'elle existât à Paris et elle n'avait conservé un peu de sa primitive organisation qu'à Douai.

Ayant discuté et délibéré, ces Messieurs crurent devoir faire cesser les quêtes particulières parceque, dirent-ils, nous voulons reconstituer une œuvre que nous avons fondée pour le soutien des Libanais, et nous désirons que vous nous veniez en aide pour sa formation.

Une première réunion eut lieu à Saint-Sulpice, le vice-président de la commission de l'Orient manifesta à la pieuse assemblée le désir du comité catholique de reconstituer l'œuvre des maronites. Cette proposition fut accueillie avec joie, et suivant l'impulsion de leur généreux dévouement, les dames se constituèrent en société. Une présidente, une trésorière, une secrétaire furent nommées. M. l'abbé Ancessi, chapelain de Sainte-Geneviève, fut chargé d'être le directeur spirituel de l'œuvre. La mort est venue trop tôt moissonner dans les rangs d'un clergé d'élite ce sujet de choix; les talents et les vertus de ce jeune prêtre lui ont acquis l'admiration et les regrets de tous.

Les hommes suivirent ce louable empressement, et peu de jours après s'être constitués en comité, ils prièrent M. Poujoulat d'accepter la présidence. Ses écrits sur la Terre-Sainte et le Liban, semblaient le désigner pour cette lourde tâche. Il accepta volontiers, son dévouement ne lui laissant pas ignorer le besoin de cette œuvre. En son nom et au nom du comité, il écrivit au Patriarche pour le prier d'y donner son consentement. Sa béatitude ne pouvait refuser sa bénédiction à tant de dévouement et pourtant elle n'eût pas accédé à ce désir, si la demande n'eût pas été formulée en des termes aussi délicats et signée de noms aussi illustres. Le motif de son refus eût été un sentiment de discrétion à l'égard des français dont elle demande avant tout la protection.

Je reçus ordre de cesser les quêtes, je ne devais plus avoir recours à la charité des fidèles que pour les besoins les plus pressants des séminaires dont l'organisation était déjà commencée.

Pie IX sollicité de donner sa bénédiction aux deux comités daigna l'accorder. L'œuvre de Saint-Louis était fondée.

Dans le cours des pérégrinations que j'allais entreprendre je dus plusieurs fois revenir à Paris, j'eus la joie de remarquer que notre entreprise n'y périclitait point. Aux conférences de Saint-Vincent de Paul, à leur réunion générale, je fis connaître devant eux les besoins des Libanais et j'émus en faveur des Maronites les cœurs de ces champions de la foi toujours prêts pour le bien.

L'année suivante à l'époque de la réunion du comité catholique je fus invité par les dignitaires de cette assemblée à parler du Liban; la parole me fut donné par M. Chesnelong; le compte-rendu de la séance a bien voulu reproduire mon allocution en voici le résumé :

Monseigneur, Messieurs.

« Une fois déjà j'ai eu l'honneur de prendre la parole au milieu de vous, mais instruit de mon inexpérience et du peu d'habileté que je puis mettre à parler votre langue, je voulais décliner l'honneur qui m'est fait aujourd'hui.

Heureux d'écouter et de m'instruire au milieu de vous sur les œuvres sans nombre que la charité française fait naître à chaque heure sous ses pas, je ne songeais point que j'aurais à parler devant une aussi belle assemblée.

« Vous m'avez demandé d'élever la voix ; je le fais sans crainte en présence du vénéré prélat que vous avez appelé à vous présider ; je me sens également rassuré en songeant que je suis un prêtre, un prêtre d'Orient et que je parle un peu Arabe, mais je sais que je suis compris par le vaillant sénateur qui vous préside et que j'ai l'honneur d'appeler mon ami, car c'est le premier personnage que j'ai eu le bonheur de connaître en posant le pied sur le sol de France. Il pourra mieux que moi vous exposer les sentiments qui m'agitent, et vous dire tout ce qu'il y a d'affection, d'amour chez les Maronites envers les Français.

« Je vous ai parlé l'année dernière des relations qui existent entre la nation maronite et la nation française depuis les Croisades jusqu'à nos jours. Ce soir on m'a autorisé à vous parler d'une œuvre fondée, il y a trente ans, par les Français, amis des traditions glorieuses de la France en Orient.

« Il y a moins d'un an, Messieurs, quelques uns d'entre vous ont songé à faire renaître sur ce sol toujours fertile de la France l'œuvre des Maronites du Liban. Cette œuvre fondée en 1847,

approuvée par l'illustre pontife qui gouverna
l'Eglise catholique, Pie IX, alors dans la jeunesse
d'un Pontificat qui n'a pas de déclin, cette œuvre,
dis-je, était tombée en oubli au milieu des com-
motions politiques qui affligèrent la France quelques années plus tard.

« Relevé de ses cendres en 1876, au mois de
juin, sous le patronage de saint Louis, l'œuvre
des Maronites qui est avant tout une œuvre de
prières, car elle ne demande à l'obole personnelle que l'obole de 1 fr. 20 par année, soit 10 cent.
par mois, l'œuvre de saint Louis a retrouvé dans
toute la France la sympathie qui l'avait accueillie
à ses débuts il y a trente années.

« J'ai été chargé par le comité directeur de
l'œuvre d'être le missionnaire du Liban, à
travers les diocèses de France et partout à Lille,
à Rouen, à Beauvais, à Amiens, à Soissons, à
Limoges, à Bordeaux etc., j'ai rencontré l'accueil
le plus bienveillant, l'initiative et le concours le
plus empressés.

« Je vous devais cette confidence, Messieurs,
pour vous remercier d'abord, et ensuite pour
vous montrer à vous-même quelle est la vitalité
des institutions que vous savez prendre sous
votre patronage.

« Mais vous me demanderez peut-être par
quels moyens j'ai su intéresser les catholiques
de vos diocèses au-devant desquels je me
présentais, seul, appuyé seulement sur la foi

que j'ai dans le succès final de votre grande entreprise, et soutenu par la bienveillance paternelle des archevêques et évêques de France.

« Mes moyens d'action, Messieurs, sont bien simples. J'ai dit ce que je sais de l'Orient, et la vérité sur notre pays, sur le zèle infatigable des archevêques Maronites et du vénérable Patriarche qui est à leur tête. C'est le plus éloquent des plaidoyers.

« J'ai dit quelle était la charité de Monseigneur l'évêque de Sidon qui, sans ressources, au milieu d'une population misérable, brisa jusqu'au dernier insigne de son autorité pastorale, sa crosse d'argent, afin d'alléger la pauvreté de ses diocésains dans un moment de crise et de famine.

« J'ai dit la persévérance de l'archevêque de Chypre, qui, au bout de trente années d'efforts, n'a pu encore parvenir à fonder son petit séminaire qui n'a pas d'élèves ecclésiastiques et que son dévouement sur ce point ne met pas à l'abri des tortures d'un autre genre, car pendant les famines périodiques qui désolent l'île de Chypre, le prélat est demeuré trois jours sans prendre de nourriture, faisant porter aux plus pauvres les rares aliments que l'on s'efforçait en vain de lui faire prendre.

« J'ai dit la haute science de l'archevêque de Damas qui ne perçoit dans tout son diocèse qu'un revenu annuel de 1000 francs et qui en abandonne la moitié aux pauvres.

» J'ai dit l'audace heureuse de l'archevêque de Baalbeck qui, au mépris de toute prudence humaine, est allé planter la croix de Jésus-Christ dans le centre le plus fanatique de son diocèse et est parvenu à construire une chapelle catholique munie d'un clocher, et où la cloche de l'Eglise rallie les chrétiens à la prière.

« J'ai dit le trépas méritoire de l'archevêque de Tripoli, mort à la peine après avoir inutilement cherché à ouvrir un petit séminaire dans son vaste diocèse.

« Plus heureux, Mgr Debs archevêque de Beyrouth, dont je suis le représentant, a pu fonder un collège où se trouvent actuellement 170 jeunes gens. Un certain nombre se destinent au sacerdoce. Mais à côté d'eux, des Grecs schismatiques et des Musulmans reçoivent le pain de la science des mains du prélat, qui parcourait cette capitale il y a trois ans.

« A la tête des prélats que je viens de nommer est le patriarche dont la science, la sagesse et la prudence élevée sont attestées par le choix qu'il a su faire des archevêques maronites placés par lui à la tête des diocèses. C'est au patriarche que revient l'honneur d'avoir su placer les intérêts toujours en péril des catholiques d'Orient entre les mains des archevêques de Sidon, de Damas, de Baalbek dont je ne puis

vous entretenir aussi longuement que le récla-
merait leur zèle apostolique.

» Lorsque le patriarche a dû prendre le gouvernement suprême des chrétiens du Liban,
deux petits séminaires seulement étaient ouverts ;
il n'existait pas de collège ni de grand séminaire,
cela faisait donc un chiffre dérisoire de seize
élèves chrétiens pour les huit diocèses du Liban.

« Comment espérer dans de telles conditions
tenir tête à la propagande protestante !

« L'effort du Patriarche est de doter chaque
archidiocèse d'un petit séminaire et la chretienté
du Liban d'un grand séminaire central. Nous y
arriverons grâce à vos prières. Pour les Maronites, trop reconnaissants envers la France pour
le passé, ils ne veulent pas grever le budget de
la charité. C'est pour cela qu'ils ont fixé l'aumône volontaire qu'un grand nombre d'entre
vous ont voulu s'imposer en leur faveur, à la
somme de 1 fr. 20 centimes par an ; soit 10 cent.
par mois.

« C'est l'un de vous, Messieurs, qui a bien voulu
accepter la tâche délicate de prendre le comité
des Maronites en France. Chrétien fervent, zélé
défenseur de l'Eglise, homme éminent par les
dons de l'esprit et par le caractère, ses voyages,
ses écrits sur le Liban connus de tous les catholiques désignant M. Poujoulat au poste de dévouement que souhaitaient de lui confier les

chrétiens d'Orient. M. Poujoulat s'est fait le guide courageux de tous ceux qui dans votre beau pays de France s'intéressent aux fatigues des évêques orientaux.

« C'est votre président, Messieurs, qui l'an dernier prit l'initiative de demander au Patriarche qu'il eût pour agréable la reconstitution en France de l'œuvre de Saint-Louis, et le Patriarche ne pu s'y refuser. Avec vous, Messieurs, on n'a pas même besoin d'exposer le péril où se trouve la croix de Jésus-Christ sur quelque point du globe : vous avez comme un pressentiment durable des douleurs de l'Eglise, une divination toute chrétienne est votre vertu préférée. Vous vous plaisez à découvrir quiconque souffre et languit au nom du Christ afin de soigner ses plaies.

« J'ai fini, Messieurs, mais permettez-moi de vous rappeler la parole d'un grand pape sur les catholiques dont je suis le représentant. « Les Maronites, a dit un pontife, sont les Machabées de la nouvelle alliance. » Nous acceptons ce glorieux rapprochement, nous nous sentons fiers d'un tel nom. Vous vous souvenez, Messieurs, que les Machabées, étroitement unis avec les Romains, envoyaient à Rome un messager toutes les fois qu'ils se sentaient menacés, et toujours l'envoyé des Machabées se vit chaleureusement accueilli par le Sénat, par Rome et par les provinces. Messieurs, les vrais Romains

9

ne sont plus à Rome, ils sont ici ; les vrais Romains ne peuvent être ceux qui retiennent capti l'immortel et glorieux Pie IX ; mais ceux qui le défendent, ceux qui le visitent dans sa prison, ceux qui lui portent le denier de l'aumône. Ceux-là Messieurs, vous les connaissez, c'est vous-mêmes.

« Et cette assemblée magnifique que préoccupent les hauts destins de l'Eglise, ne fait-elle pas songer au Sénat devant lequel le messager des Machabées trouvait un constant appui? Rome et les provinces ne sont pas moins propices qu'elles ne l'étaient autrefois à l'humble envoyé des Machabées. Votre assemblée, Paris, la France toute entière se montrent empressés à fortifier l'œuvre de Saint-Louis, à secourir les chrétiens du Liban. Je remercie votre assemblée, Paris et la France de tant de sollicitude, et je vous demande, au nom des Maronites, de rendre plus étroits encore, s'il est possible, les liens qui vous unissent à nous; car ce ne sont pas des armes que demandent à la métropole les Machabées de la nouvelle alliance, mais des prières. »

CHAPITRE IV

Deuxième Voyage .— Amiens, Rouen, le Havre, Bayeux.

Recommandé par Mgr Debs à l'évêque d'A-
miens, je dirigeai mes pas vers cette ville ; un
bienveillant accueil m'y attendait. Cet éminent
prélat, se souvenant que lorsqu'il était curé à
Douai, cette œuvre était établie dans sa paroisse,
vit sa réorganisation avec plaisir et lui accorda
son bienveillant appui.

Le dimanche qui suivit mon arrivée, je fis connaître ma mission dans trois églises ; les Dames
se réunirent chez M. le Curé de Saint-Etienne,
je leur exposai le but de l'œuvre, elle fut comprise et organisée.

Les journaux catholiques en plusieurs circonstances, et dans quelques bons articles, ont
fait connaître à cette occasion l'amour de la Pi-
cardie pour le Liban. Qui a oublié, en effet, un
des plus beaux titres de gloire de cette province ?
Un de ses enfants, Pierre l'Ermite, a été le pro-

moteur de la délivrance des Saints-Lieux en prêchant la première Croisade. Ce fut à sa voix que la France enthousiasmée porta ses armes en Orient après avoir reçu la bénédiction d'Urbain II.

J'avais reçu l'hospitalité au grand Séminaire dirigé par les RR. PP. Lazaristes qui me témoignèrent toutes leurs sympathies pour les Maronites, et je reçus de M. Duven, frère du provincial de la congrégation, les témoignages d'une amitié toute particulière.

Mme Ducrot ayant accepté le titre de zélatrice de la nouvelle association, j'ai été heureux de remercier le frère du général de l'affection qu'il a gardée à ma nation, qu'il connut lors de l'expédition de Syrie en 1860. Cette famille, encore sous le coup d'une grande douleur, daigna m'en faire part comme à un ami. Un fils unique, dans la fleur de l'âge, avait succombé aux fatigues de la défense de la patrie pendant la funeste guerre de 1870 ; il était mort sous les murs de Paris. Le récit des circonstances navrantes de cette mort et la douleur de M. et de Mme Ducrot me laissèrent profondément attristé. Qu'ils veuillent bien recevoir ici l'assurance de la part que je pris à leur malheur et des prières que je fis, pour que Dieu daigne les consoler.

Amiens possède un des plus beaux chefs-d'œuvre de l'architecture gothique ; le chef de saint Jean Baptiste est conservé dans cette cathédrale, et j'eus l'honneur de recevoir en souvenir de ma visite deux linges qui enveloppèrent pendant près de cent ans cette tête qui tomba par l'ordre d'Hérodiade et d'Hérode. D'Amiens, j'allai à Rouen, mais l'époque était peu favorable à l'entière réussite de ma mission. Toutes les grandes et riches familles avaient quitté la ville pour respirer l'air frais et les senteurs embaumées des villas. Je dus me contenter de visiter les communautés religieuses : les Ursulines, les Visitandines, les dames de la Miséricorde ; partout je fus reçu de la manière la plus touchante. Je leur fis une allocution sur le mouvement religieux en Orient ; j'eus l'honneur d'être présenté par M. de Beaudicourt à Son Eminence, et de faire la connaissance d'un des plus illustres membres de l'Episcopat français. Je fis aussi celle de M. le chanoine Robert, président du comité catholique, prêtre dont le dévouement est encore rehaussé par un profond savoir.

Appelé ailleurs par les besoins de l'œuvre, je n'ai vu Rouen et ses richesses, que superficiellement : cette ville possède des monuments que j'eusse été heureux d'étudier ; mais le touriste devait s'effacer devant le missionnaire, et j'ai dû me contenter du sanctuaire de Bon-Secours, qu'aucun voyageur n'oublie. « Je suis allé m'agenouiller devant la Vierge protectrice des affligés. »

Située sur une des collines qui environnent Rouen, une église, la plus belle qu'ait vu construire le XIXe siècle, consacre à Marie cette bonne ville et chante devant l'univers entier un hymne de reconnaissance et de gloire aux fidèles qui par leur obole ont aidé au généreux prêtre qui eut l'idée de faire rebâtir le temple dédié à la Vierge protectrice du matelot.

Je cédai donc sans trop de résistance à l'invitation de M. le curé de donner ma soirée à la Vierge de Bon Secours. A peine le crépuscule commençait-il à voiler l'horizon, que du haut de la colline se déroulait à mes regards un magnifique panorama. La Seine, à nos pieds, promenait ses eaux tranquilles, dans lesquelles se mirait encore une nature luxuriante et boisée : le soleil inondait l'espace de ses derniers rayons, et la lune lui succédant bientôt apparut modeste et radieuse, dans un ciel sans nuages où brillaient des milliers d'étoiles scintillantes.

« Je crus voir apparaître l'Orient avec ses splendeurs ; mon âme mue salua les amis d'outremer qui me reverront bientôt, et mon cœur, devançant ce jour, me fit revoir ma famille et mes compatriotes. Je pleurai, car le rêve avait pris dans mon âme toute la force d'une réalité; mes larmes coulaient abondantes et heureuses, en pensant à cette fraternité de deux peuples que cimentera peut-être bientôt un lien que rien ne pourra briser.

Je quittai Rouen pour le Havre, qui ne m'était pas inconnu, ayant eu occasion à mon premier voyage, d'admirer son esprit de foi, et la cordialité de ses habitants. J'allais y retrouver d'excellentes relations, et j'en étais heureux.

Mme Masquelier, dont je n'ai pas à faire connaître ici la charité et le dévouement, accepta la présidence de l'œuvre, qui fut accueillie des dames pieuses réunies à l'invitation de M. Roussel, avocat, président des conférences de Saint-Vincent de Paul.

M. Masquelier réunit à l'occasion du missionnaire libanais, M. le Curé de la paroisse, de nombreux amis et quelques membres de sa famille que je fus heureux de revoir.

Combien je fus sensible à ces témoignages d'une politesse toute française que les charmes d'une causerie spirituelle rendaient doublement agréable.

Le Liban et ses mœurs encore primitifs en furent le principal objet; j'étais heureux de satisfaire à toutes les questions que suggéraient l'intérêt et une curiosité bien légitime et bien sympathique.

Bayeux, dans mon itinéraire, venant après le Havre, j'y allai ensuite et me présentai à l'évêque pour le prier de m'accorder l'autorisation de parcourir son diocèse pour la double mission dont j'étais chargé : faire une quête pour les collèges de Beyrouth et fonder l'œuvre des Maronites, dont une lettre de M. de Beaudicourt lui avait annoncé la reconstitution. Sa Grandeur daigna accéder à ma demande. Je commençai à faire connaître l'œuvre à Caen où je rencontrai une sympathie générale. Cependant une difficulté surgit. Monseigneur, à qui je rendis compte de la réception et qui m'en félicita, prévenu, contre la légalité de ma mission, par une personne dont le nom m'est inconnu, me retira la permission qu'il m'avait donnée. Je rentrai à Paris, et informai la nonciature des entraves que j'avais rencontrées ; le cardinal préfet de la Propagande, en ce moment à Paris, en fut instruit, et entra en correspondance, à ce sujet, avec l'archevêque de Beyrouth. Je pus alors continuer mes voyages.

CHAPITRE V

Troisième. — Voyage, Beauvais, Soissons, Saint-Quentin, Lille, Cambrai.

Je passai dans les diocèses de Beauvais et de Soissons. Dans le premier de ces diocèses, je vis Compiègne, Noyon, Saint-Maxen, Creil et Senlis; dans le second, Soissons, Laon, Chauny et Saint-Quentin; partout, le clergé me fit le meilleur accueil, et me laissa bien volontiers faire connaître l'Œuvre.

Je ne l'y organisai pas, ces diocèses étant près de Paris; je laissai à messieurs les fondateurs, le soin de le faire en temps opportun. Je visitai rapidement les pensionnats du Sacré-Cœur, de Saint-Joseph de Cluny, des Sœurs de la Croix, des pères Maristes et des Ecoles chrétiennes, et partout je fus très heureux des dispositions favorables au Liban qui m'y furent montrées.

Je remarquai surtout le collège de Saint-Vincent de Senlis, qui, sous la direction des RR. PP.

9.

Maristes, donne aux élèves une éducation distinguée, d'une piété aimable et sérieuse. Ces jeunes gens m'écrivirent après mon départ deux lettres que je voudrais reproduire ici, si le cadre de cet ouvrage n'était aussi restreint. Elles sont conçues en termes si nobles, si affectueux pour la Terre-Sainte, que mon cœur de prêtre et de Maronite en fut vivement ému.

A Saint Quentin, je reçus de M. le Président du comité catholique de Lille, l'invitation d'assister à une de ses assemblées. J'acceptai avec empressement, heureux de revoir ce pays que j'avais connu si attaché à ses principes catholiques et si nos père par son industrie.

Je suivis les séances de l'assemblée avec M. de Beaudicourt, qui avait été invité en sa qualité de vice-président de la commission de l'Orient du comité catholique de Paris.

Ce ne fut pas sans émotion que je connus cette œuvre dont l'attention et la sollicitude embrasse toutes les misères pour les soulager. C'est l'ouvrier qui tout le premier est l'objet de la sollicitude du comité. Il est utile de former le cœur de ces classes à l'enseignement religieux : c'est leur développer l'intelligence, les aider dans les épreuves de la vie et les rendre heureuses. Mais comme avec le besoin de l'âme le corps réclame aussi sa subsistance, l'ouvrier de bonne volonté ne doit pas rester sans travail. Il est indispensable de lui ouvrir des ateliers, de lui donner des patrons qui rétribuent avec loyauté son pénible travail. Est-il malade, l'ouvrier devra recevoir gratis les soins, le médecin, les remèdes que réclament sa santé : les sœurs de Saint-Vincent de Paul, les jeunes gens des conférences iront le visiter et lui donner de bons, et d'aimables conseils. Les enfants n'échapperont pas à ces pieuses tendresses : on les instruira, on les mettra en apprentissage, et, sous la direction de maîtres et de patrons qui leur donneront l'amour, la connaissance du travail, ils apprendront aussi que le premier devoir d'un enfant chrétien est d'aimer et de respecter son père et sa mère.

Le soldat viendra aussi prendre sa place parmi ces sollicitudes, on lui donnera : en lui facilitant l'audition de bonnes et salutaires instructions, un peu de cet enseignement qu'il recevait si volontiers au foyer paternel et dans l'église de son village.

On gardera vivant dans son cœur, cet amour qui fait les héros, en lui apprenant qu'après Dieu, la passion de son âme doit être la Patrie.

En écoutant Messieurs les orateurs, mon esprit volait vers le Liban, et, comparant le sort de l'ouvrier français à celui de l'ouvrier de nos pays, je fus pris d'une envie que l'on me pardonnera : j'aurais voulu, plus prompt que l'éclair, plus rapide que l'aigle, porter en Orient un peu de cette civilisation chrétienne, soulager nos braves artisans qui végètent dans la plus profonde misère, qui demandent du travail et n'en trouvent pas, qui, tristes et abandonnés dans leurs réduits, croiraient voir leur apparaître des anges, si une sœur de Saint-Vincent de Paul, ou un de ces visiteurs pénétrait jusqu'à eux. Et leurs enfants partagent le même sort, vivent dans le même abandon : pauvres petits qui voudraient savoir et ne trouvent pas de maîtres, qui ne bégayent dans leur innocente tendresse qu'une prière et elle est pour la France !

Enfin dirai-je encore que j'ai aimé ce bon peuple de Flandre quand je l'ai vu constant dans ses traditions de gloire nationale ? Godefroy de Bouillon et Baudouin y sont vénérés. La Terre-Sainte n'y est pas oubliée. Tout cœur en Flandre vibre et frémit à ces gloires futures d'une délivrance non moins héroïque que celle à laquelle contribuèrent ses aïeux : la délivrance du schisme et de l'ignorance.

Le comité organisa une commission pour s'occuper des chrétiens de la Terre-Sainte et de l'Orient. M. de Beaudicourt rappela l'œuvre des Maronites et sa constitution. Cette œuvre, j'ai eu occasion de le dire, n'était pas inconnue dans le Nord ; une commission fut désignée par le comité à l'effet de protéger toutes les œuvres d'Orient.

De Lille, je vins à Cambrai offrir mes respects à Son Eminence le cardinal Régnier, et lui demander son consentement. Avant d'arriver dans cette ville et d'y respirer le parfum des vertus qu'y répandit Fénelon, l'illustre prélat, dont la mémoire vivra éternellement, j'allai à Couvron pour y voir la marquise de Saint-Chamant, à qui je devais une visite. C'était pour lui témoigner ma gratitude de ce qu'elle avait bien voulu s'occuper de la nation maronite. J'y trouvai un ami, M. de Rougé. La famille de Rougé s'est illustrée pendant les croisades dès le XIIIe siècle ; Olivier de Rougé entre autres s'y distingua.

Au XIIe siècle, Odon de Saint-Chamant, d'abord bouteiller du royaume de Jérusalem, devint grand maître du temple en 1172. Etant tombé aux mains des infidèles en 1178, au combat du gué de Jacob, il reçut de Saladin la proposition d'être échangé contre un des musulmans qui étaient dans les prisons de l'ordre ; Odon fit cette héroïque réponse : « Je ne veux point autoriser par mon exemple la lâcheté de ceux de mes religieux qui espéreraient pouvoir être rachetés ! un Templier doit vaincre ou mourir, et ne peut donner pour sa rançon que son poignard ou sa ceinture. » Odon de Saint-Chamant mourut dans les fers après quelques mois de captivité.

En 1428, Antoine de Saint-Chamant était grand maréchal de l'ordre de Saint-Jean de Jérusalem.

François de Saint-Chamant, de l'ordre de Malte, fut fait prisonnier à la bataille de Baab, contre les Turcs. Enfermé au château des Sept-Tours, il fit vœu de porter ses fers à Roc-Amadour s'il était délivré. Il le fut et accomplit fidèment son vœu.

CHAPITRE VI

Quatrième voyage. — Bordeaux, Limoges, Poitiers et Niort.

J'allai ensuite à Bordeaux. J'eus l'honneur de me présenter à Son Eminence le cardinal Donnet, qui m'accueillit avec une bonté digne et simple. Je fus confié au supérieur du grand séminaire, que j'avais connu à Paris, et dont j'avais apprécié tout le mérite en assistant à un de ses cours de théologie à Saint-Sulpice.

Je tiens, lui dit le cardinal, en me présentant à lui, *à ce que vous l'aidiez à réussir dans son entreprise.* M. le président du Comité catholique de Bordeaux avait aussi reçu des lettres pour m'aider à la formation de l'œuvre. Comme il était malade alors, il donna cette tâche au jeune et excellent M. de Montcheuil, secrétaire du comité catholique. Ce dernier prit l'œuvre des Maronites à cœur; au nom du comité catholique, toutes les personnes charitables et pieuses se réunirent; Mlle de Bello (1), qui a dû à sa charité d'être appelée la mère des malheureux, nous aida de son généreux concours, et l'œuvre fut organisée.

M. de Montcheuil m'a fait l'honneur de me présenter à la famille de Graterolles, dont le fils, après avoir visité Jérusalem et le Liban, en est devenu l'apôtre.

M. et Mme de Graterolles, qui me firent la plus aimable réception, descendent de l'illustre de Sèze, défenseur de Louis XVI.

Est-il utile de rappeler M. de Sèze : son éloquence quand, à la barre du tribunal régicide, emporté par la force du droit, il laissa échapper de son cœur ce cri de sublime indignation : « Citoyens, je cherche parmi vous des juges et je n'y vois que des accusateurs ; » son dévouement, quand, à minuit, on était venu lui proposer cette défense que M. Tarjet avait refusée, il avait répondu : « Je regarde l'arrêté du conseil comme un acte de proscription pour les défenseurs du roi, et je m'y voue de tout mon cœur. » Les sanglots qui soulevèrent sa poitrine, quand le roi lui donna pour toute récompense de son dévouement un baiser. Il serait trop long de dire toute la vie de cette illustration du barreau français dont le nom est acquis à l'histoire, et

----

(1) Mlle de Bello est cousine de Mgr de Ségur, mon père et directeur spirituel depuis mon arrivée en France.

qui l'a transmis à la postérité comme la personnification de l'honneur et de l'héroïsme.

M. de Sèze fut plongé dans les cachots ; il y garda la sérénité de son âme, et se consola en commentant ce chapitre de Montaigne : *Philosopher, c'est apprendre à mourir.*

La journée du 9 Thermidor vint affranchir la France ; peu de temps après, M. de Sèze recouvra sa liberté. Rentré dans le sein de sa famille, il s'adonna à son goût pour la littérature et reprit ensuite les travaux de sa profession. Louis XVIII donna à M. de Sèze, avec le titre de comte, l'autorisation de placer dans ses armes des fleurs de lis sans nombre, et une tour figurant la tour du Temple, avec ces mots autour de l'écusson : *26 Décembre 1792.* Jadis nos rois accordaient des fleurs de lis aux chevaliers pour de hauts faits d'armes ; Louis XVIII jugea M. de Sèze digne de cette marque de distinction. Une des gloires de cet illustre avocat est d'avoir son nom inscrit dans le testament de Louis XVI. Ce titre ne périra point, et personne n'en contestera la noblesse.

Les cendres de cet illustre Français reposent à la Madeleine. C'est le plus grand honneur qu'on pouvait lui rendre, puisqu'elles remplacent, pour ainsi dire, dans ce lieu les cendres du roi martyr.

Les dames du Sacré-Cœur à Bordeaux, comme partout où j'eus l'avantage de les voir, se montrèrent obligeantes et dévouées aux Maronites. Dans deux allocutions, une aux élèves, l'autre aux dames enrôlées sous la bannière des Enfants de Marie, je laissai parler mon cœur du Liban et de tout ce qui doit y intéresser les personnes pieuses.

Pendant mon séjour à Bordeaux, une réunion du cercle catholique eut lieu sous la présidence de son fondateur, M. de Montesquieu. M. de Graterolles, le jeune voyageur de Terre-Sainte, devait y lire les impressions de son voyage en ces pays lointains; j'eus l'honneur d'y être invité.

On comprendra si je fus émotionné aux accents sympathiques de l'éloquent écrivain, l'entendant pleurer cette prospérité perdue, ces richesses improductives, plaindre les souffrances et admirer le courage des peuples catholiques, constater l'ignorance et l'anarchie de ceux qui sont livrés à l'erreur, gémir enfin sur les misères de tous.

Je vis aussi presque toutes les communautés religieuses de Bordeaux, j'y ai remarqué une sincère affection pour les Maronites.

Je quittai cette ville où je laissais tant d'amis dévoués à mon pays. On m'avait dit : — N'allez pas à Limoges, ce pays a perdu sa foi, il y a peu de chrétiens fervents, vous n'y serez pas reçu ! Pourtant une impulsion secrète m'y pousse, je ne résiste pas.

J'avais des lettres pour Mgr Dequesnay et

M. d'Hérald, président des conférences de Saint-Vincent de Paul.

Ayant demandé l'hospitalité au grand sémi‧naire, je me présentai à Sa Grandeur, qui, avec sa bonté ordinaire, me permit de former l'association dans son diocèse.

M d'Hérald déjà prévenu de ma visite, voulut bien me donner les témoignages d'une amitié sincère et s'intéresser beaucoup à l'œuvre. Il daigna me présenter lui-même aux curés des paroisses de Limoges et à toutes les personnes occupées à faire le bien.

A son invitation, cinq cents personnes se réunirent chez les sœurs de charité, sous la présidence de M. le curé de Saint-Pierre. Dire que le résultat de ma visite dépassa mes prévisions est inutile; depuis, cette population n'a pas démenti un instant le zèle et la piété qu'elle m'avait montrés.

Je remerciai Dieu de ce succès, et l'Evêque Mgr Dequesnay m'en exprima tout son contentement par ces paroles : — Je bénis la Providence de tout ce que vous avez fait dans mon diocèse, évangélisé par votre compatriote saint Martial (saint Martial est né à Jérusalem).

Dès son enfance, M. d'Hérald apprit à aimer la sainte Eglise, et lui promit de la servir toujours en vaillant défenseur; il n'a point failli à sa foi; l'âge n'a refroidi ni son zèle, ni son activité ; aussi est-il allé visiter la Terre-Sainte et prier au Tombeau du Sauveur; il en est revenu animé d'une sainte ardeur et a bien voulu, dans une séance générale du comité catholique de Limoges, faire une relation de son voyage. J'aurais été bien privé, si je n'eusse été invité à cette réunion : M. d'Hérald eut la bonté de ne pas m'imposer cette douleur.

C'est en termes chaleureux et pénétrants que le noble voyageur apprit à son auditoire tout ce qu'il avait vu en Orient. Il aime la Terre-Sainte; les Saints-Lieux ont été pour son âme sensible aux impressions de la foi, la source des plus suaves entraînements.

Je le remerciai de cet amour pour ma patrie; je me sentais fier d'être né sur cette terre, théâtre des plus grands faits de l'histoire du monde : sa création, sa rédemption par l'incarnation, la mort d'un Dieu fait homme.

Le lendemain je dis ma messe à l'église Saint-Pierre pour la prospérité des habitants de Limoges, heureux d'être venu en cette ville où mon cœur de prêtre devait boire abondamment à la coupe des consolations de la foi.

C'est dans ce diocèse et sous le patronage de Mgr Dequesnay, que s'est formé l'institut des religieuses franciscaines dont le but est le soutien des prêtres pauvres et infirmes et le service de l'autel.

J'ai admiré l'ordre, le recueillement, l'esprit d'union qui caractérisent la communauté des Sœurs franciscaines du Dorat.

Après avoir fait une visite aux ecclésiastiques de ce pays, j'allai chez les Carmélites. Le mot de *Carmélite* vient de *Carmeli* or, le mont Carmel étant au Liban, une secrète et sympathique attraction y attirait mon cœur ; ces excellentes religieuses voulurent me donner cent francs, pour les besoins des chrétiens de la ville, épiscopale de leur digne supérieur Mgr Guy évêque *in partibus*. Je les acceptai avec l'espérance de trouver encore en ces pays hérétiques quelques croyants à la vraie foi ; sinon ce don sera consacré à une œuvre de charité quelconque dont il leur sera donné avis.

De Limoges je vins à Poitiers. J'y arrivai aux jours de désolation et de regrets pour le digne évêque : sa mère venait de mourir. Cette pieuse mère n'avait jamais quitté son fils quand la mort les a séparés ; je crus indiscret de troubler cette douleur, je ne voulus pas me présenter : je me contentai de lui faire remettre mes lettres de recommandation ; il daigna ne pas me refuser son consentement à la fondation de l'œuvre dans son diocèse.

J'élus mon domicile chez les RR. PP. Oblats, prêtres missionnaires diocésains.

Le curé de Saint-Porchair, M. l'abbé de Montpront, président d'honneur du comité catholique, me donna sa protection. Je fis connaître l'œuvre du haut de la chaire des églises de Saint-Porchair et de {Saint-Hilaire. Une quête

fut faite pour le collège de Beyrouth, et le produit, envoyé à l'œuvre des écoles d'Orient, qui
se chargea de le faire parvenir à Mgr Debs.

L'association se forma avec l'aide de M. le
baron de Persay, président du comité catholique
de Poitiers dans une réunion au presbytère.

Les Dames du Sacré-Cœur ne me refusèrent
point non plus leur bienveillant concours.

J'eus aussi l'avantage, grâce à M. le curé de
Montbront, de faire la connaissance de quelques
familles, entre autres M. le comte de Monpront,
M. de Touchambert, la famille Merveilleux du
Vignaux et M. le baron de Persay.

J'ai acquis l'intime conviction à Poitiers comme
dans les villes que j'ai parcourues, que la France
a gardé le premier rang pour l'hospitalité bienveillante et généreuse.

De Poitiers à Niort, l'itinéraire était tout
tracé. Les Dames se réunirent au monastère du
Sacré-Cœur, et M. l'Archiprêtre, qui a fait le
voyage de Jérusalem et du Liban, prit lui-même
la parole; il fit connaître l'utilité de l'œuvre et
la nécessité de sa formation; toutes y adhé-
rèrent avec empressement.

J'ai reçu le même acccueil à Montmorillon,
grâce au concours de M. l'archiprêtre et de
M. de Mussac.

CHAPITRE VII

Rome.

L'aiguille venait de marquer au cadran des siècles la 50e année de l'Episcopat du pape régnant, le monde catholique en célébrait l'anniversaire et se pressait aux pieds de ce grand pontife.

Je ne connaissais pas la ville éternelle, et mon désir de voir Pie IX n'avait d'égal que mon amour d'enfant soumis à l'Eglise.

J'étais à Paris; je demandai à un de mes amis de faire partie d'une des caravanes qui partaient pour Rome; je fus compté au nombre des voyageurs, et nous partîmes. Après avoir traversé le tunnel du mont Cenis, nous nous arrêtâmes à Turin, Milan, Bologne, Plaisance et Florence; bientôt nous aperçûmes la coupole de Saint-Pierre; tous les cœurs furent émus délicieusement; nous nous mîmes à genoux, et priâmes Dieu pour le vicaire de Jésus-Christ qui dirigeait si vaillamment la barque du pêcheur et rappelait au monde par le courage de sa foi et la force de sa volonté, cette parole du Sauveur : « Je suis avec vous jusqu'à la consommation des siècles, et les portes de l'enfer ne prévaudront point contre vous. (Math , XXVIII, 20, et XVI, 18).

J'éprouvais une impression à peu près semblable à celle que tout cœur chrétien ressent au tombeau du Christ; la vérité me saisit par les attraits de sa vertu divine et par toutes les clartés dont elle illumine l'âme.

A ce moment, que m'apprendrait celui qui me dirait que Jésus-Christ n'a pas existé, que son vicaire n'est qu'une rêverie de théologien, sinon qu'il n'est qu'un pauvre insensé? *Credo*.

Je me rendis aussitôt au collège maronite; j'y fus reçu avec beaucoup d'affection par Mgr Ambroise, archevêque et procureur de notre nation. C'était le lendemain seulement que je devais voir Pie IX.

J'allai à la salle des réceptions, déjà la foule s'y pressait; je ne pus arriver près du Trône pour voir le visage toujours souriant et gracieux du Pontife; seule sa voix suave et inspirée se faisait entendre : elle pénétrait tous les cœurs d'une si douce émotion que les yeux étaient pleins de larmes.

Je n'étais pourtant heureux qu'à demi, je voulais plus encore; voir le Pape, baiser ses mains et ses pieds, recevoir une de ses paroles, qui me semblaient prophétiques, était mon premier désir. Mgr Ambroise voulut bien m'aider à le satisfaire : le lendemain il me conduisit à la porte de l'appartement du Saint-Père, alors qu'il en sortait pour bénir la foule. J'eus les prémices de cette bénédiction, et pendant quatre jours je vis se renouveler pour moi la même faveur ; je la recueillis pour en partager les avantages avec mes amis et ma nation.

Mgr Ambroise m'a fait l'honneur de me présenter à S. Em. le cardinal Franchi, préfet de la *Propagande*, et à Mgr Rampola, secrétaire du rit oriental.

J'ai visité tous les monuments de Rome ; l'esquisse qu'en a faite Mgr Gerbet est trop achevée pour que j'essaye d'y ajouter quelques traits ; mes impressions ne pouvaient être plus délicates et mes observations plus fines que celles qu'il a consignées dans son livre.

Je restai deux mois à Rome ; j'y respirai à plein poumons cette atmosphère scientifique et chrétienne qu'a déjà fait connaître Mgr Gaume dans son précieux ouvrage : *les Trois Rome.*

Quand on quitte Rome, on se sent meilleur.

———

CHAPITRE VIII

Cinquième voyage. — Orléans, Tours, Nantes, Sainte-Anne d'Auray.

Muni de lettres de recommandation, je me présentai à l'illustre évêque d'Orléans, Mgr Dupanloup qui se trouvait à sa campagne de la Chapelle.

Sa Grandeur daigna me recevoir à sa table, et me parla avec émotion des besoins de l'Orient. Il accorda son consentement à la fondation de l'œuvre des Maronites, et me présenta à M. l'abbé Bougaud, son grand vicaire, *afin de réaliser les désirs des comités de Paris*. Les dames du Sacré-Cœur me prêtèrent aussi leur concours en convoquant les dames pieuses à une réunion pour laquelle elles mirent à notre disposition une salle de leur couvent. M. l'abbé Bougaud voulut bien la présider. Les dames orléanaises acceptèrent l'œuvre avec enthousiasme et s'organisèrent selon les statuts.

Je dus rendre compte à Mgr Dupanloup de l'empressement de ces dames ; il vit avec joie le succès, et voulut bien m'honorer de sa recommandation pour l'archevêque de Tours.

J'ai quitté Orléans avec le regret de n'y point rencontrer Mgr Coullié, coadjuteur, pour le prier de s'unir à toutes les hautes et bienveillantes protections qui venaient de m'être accordées.

A Tours avec le consentement du digne archevêque, l'œuvre s'organisa dans une réunion qui se tint chez les dames Ursulines. Je pus remercier la Providence de rendre ma mission si fructueuse, et la prier de me préparer les cœurs afin de les voir recevoir la semence de la charité que j'étais si fier d'y semer.

On sait que Tours possède le tombeau de Saint-Martin, premier évêque de la Touraine. L'ancienne abbaye de Marmoutier, qu'il a fondée, est occupée aujourd'hui par les dames du Sacré-Cœur ; je fus très bien reçu dans cette communauté, où j'ai été agréablement surpris de trouver la fille de M. de Montalembert.

Mlle de Montalembert a revêtu l'habit religieux et Mme de Montalembert, que j'ai connue à Paris, se souvenant de l'affection de son mari pour l'Orient m'invita à aller la voir.

Je fis ensuite route vers Nantes, convaincu que mon bon ange me préparait les voies. J'avais eu le bonheur de connaître Mgr Fournier à Rome et d'y recevoir sa bénédiction; je croyais le retrouver dans son diocèse ; mais Dieu l'avait rappelé à lui, alors que, fervent apôtre, il fortifiait sa foi au tombeau de saint Pierre.

M. Charnau, président des comités catholiques de Nantes, avait reçu des lettres de Paris qui lui recommandaient l'œuvre de Saint-Louis. Il était à la campagne, j'allai l'y voir. Il me reçut avec la plus grande bienveillance et écrivit à Mgr de Lesbinay en ce moment vicaire général.

Ce vénérable Prélat, qui aime tendrement le Liban, me reçut avec l'affabilité que tous admirent en lui et qui le fait tant chérir de son clergé et de son peuple.

Ayant eu l'honneur d'être invité à une réunion des conférences de Saint-Vincent de Paul, il me fut permis d'y faire connaître l'œuvre qui m'amenait en Bretagne. Le comité adhéra à l'association, et le lendemain, à la parole de Mgr de Lesbinay, elle fut aussi adoptée dans une réunion de Dames; le bureau se constitua immédiatement après la séance. J'ai quitté cette ville le cœur plein de gratitude pour les bienveillants témoignages d'intérêt donnés à un pauvre Libanais.

Invité par M. le comte de Guébriant à me reposer quelques jours à son château de Kerdaniel, je résolus d'y aller. Je me dirigeai donc vers Vannes, dont n'est pas très éloigné le sanctuaire de Sainte-Anne d'Auray.

Ce sanctuaire très vénéré des Bretons est une fort belle église érigée en Basilique; elle est construite dans le style Renaissance du XVIᵉ siècle et est due aux offrandes des fidèles de la Bretagne. Mon âme fut sensiblement touchée lorsque je m'agenouillai aux pieds de la patronne de la Bretagne qui voit se presser à ses autels des pèlerins de tous les villages que la dévotion y amène; c'est un cierge à la main qu'ils entrent en ce sanctuaire toujours fécond en miracles; ils y prient avec ardeur, se frappent la poitrine et implorent avec larmes les faveurs qu'ils veulent obtenir. J'ai cru retrouver dans ce peuple la naïve et fervente piété de nos populations libanaises; il est probable que ce furent les croisés de Bretagne qui nous laissèrent leurs usages dans les pratiques religieuses.

Le lendemain j'eus le bonheur de dire ma messe au sanctuaire de sainte Anne; je la priai de me garder la protection qu'elle me promit, le jour de sa fête, quand, ordonné Diacre, je lui fus confié par l'archevêque, qui me promit toutes les gâteries de cette grand'mère parce que, me dit-il, les grand'mères aiment tendrement leurs petits-enfants.

J'avais été reçu au petit séminaire; M. le supérieur ayant eu la bonté de m'y retenir, je donnai aux élèves un petit entretien sur les catholiques d'Orient pendant la lecture spirituelle; j'étais heureux de voir cette jeunesse m'écouter avec calme et respect. On crut que j'étais venu pour quêter ; spontanément on organisa une cueillette de généreuses offrandes, que je dus refuser.

Je quittai le séminaire après avoir exprimé ma gratitude à M. le supérieur et à ses auxiliaires.

Je ne m'éloignai pas de Sainte-Anne d'Auray sans être allé présenter mes hommages à l'évêque du diocèse, qui me promit de s'occuper de l'œuvre au moment opportun.

J'arrive à Quimper, où je suis accueilli chez les bons Pères Jésuites. Je salue en passant l'évêque du diocèse, et, comme zélateurs et zélatrices de l'œuvre des Maronites y sont déjà nommés, je n'ai pas à prolonger mon séjour dans cette ville ; je viens à Brest, où les beautés de la rade me retiennent trois heures.

M. le curé, à qui je me présentai, me fit accompagner par ses deux vicaires, afin de donner un coup d'œil à cette ville maritime, une des plus belles de France.

M. le comte et Mᵐᵉ la comtesse de Guébriant m'ont accordé une bienveillante et gracieuse hospitalité.

La famille des comtes de Guébriant est de la plus antique noblesse de Bretagne ; elle est alliée par Mᵐᵉ la comtesse à celle des ducs de Lorges. Dire ce qu'il y a de noble, de loyal, de généreux, de digne et de simple en cette illustre maison, est impossible ; chaque jour m'y faisait voir de nouvelles vertus.

M. le comte de Guébriand est maire du village, conseiller général du département; il est aussi devenu le père adoptif de ces braves villageois, s'occupe de leurs besoins, de leur instruction et adoucit leurs souffrances autant qu'il est au pouvoir de l'homme.

C'est à ses frais qu'on a fait bâtir une église qui a coûté près de deux cent mille francs; la chapelle du château qui possède la sainte Réserve, est ouverte aux personnes qui veulent y prier.

Les religieuses qui dirigent l'école des filles, sont aussi rétribuées par le château.

Une distribution de pain est faite tous les jours aux plus pauvres de la commune.

Mᵐᵉ la comtesse de Guébriand a une pharmacie où les malades trouvent gratuitement les remèdes dont ils ont besoin. La visite des malades n'est confiée à personne ; c'est M. le comte et Mᵐᵉ la comtesse de Guébriant qui vont eux-mêmes leur prodiguer leurs soins et les assurer de leur paternelle protection.

C'est encore madame la comtesse de Guébriand qui réunit toutes les jeunes filles du village et des environs pour leur faire le catéchisme de reconnaissance.

De Kerdanel, je suis allé à Saint Brieuc où je fus accueilli par M. le comte de la Touche, dont la famille s'est illustrée sous Louis XIV; deux réunions furent convoquées : une d'hommes et une de dames.

Le clergé voulut bien assister à la première.
Je donnai quelques détails sur mon voyage au
milieu des Bretons. A celle des dames, je fis connaître l'œuvre. Tous m'ont témoigné une profonde sympathie pour les Maronites ; il fut con-
venu que je reviendrais former l'association au
mois de décembre, alors que, la villégiature finie,
tout le monde serait rentré à la ville. Mais
l'homme propose et Dieu dispose. Il en a disposé autrement.

Je ne veux pas m'éloigner de la Bretagne sans
parler de ma visite à M. le comte Dahdah, dont
j'ai déjà eu à dire le nom.

Parent de celui qui nous accueillit, mon compagnon et moi, à Marseille M. le comte Rouchaïd
Dahdah a acheté une propriété à Dinard, qu'il amé-
liore sans cesse. Dinan a un avenir brillant ; sa
position gracieuse sur les bords de l'Océan la lui
promet ; l'air salubre qu'on y respire, les ver-
doyantes collines de Saint-Malo que l'on aper-
çoit au loin, font de ce site un tableau si ravis-
sant que le voyageur le moins épris de ces
beautés ne peut y être insensible.

Le comte Dahdah a fait construire son château sur un des mamelons les plus élevés ; il
jouit de toute l'étendue et de tout le pittoresque
de ces incomparables panoramas. De tous les
côtés on y voit l'Océan, on domine ses flots,
l'ouragan vient expirer aux pieds du roc sur le
quel est la demeure du comte, et les vagues fu-

rieuses retombent vaincues dans la plaine liquide. Et quand, paisible, l'Océan reçoit les rayons d'un soleil brillant qui semble s'y baigner avec volupté, l'œil, ravi de tant de variétés dans ces horizons infinis, reste fixé à ces plages. Hélas ! il est d'autres régions où l'on pleure, où l'on a pas d'ami ! Je devais y songer. Aussi laisserai-je à une plume plus autorisée que la mienne le soin de peindre ces beautés.

Entouré de l'affection d'un compatriote, respirant l'air salubre de ces climats, on comprend combien je serais resté avec plaisir si l'œuvre qui m'appelle eût pu m'accorder un plus long repos. Je dus me soustraire à tant d'attraits et rentrer à Paris.

CHAPITRE IX

Le Havre, Dieppe, Elbeuf, Caudebec, Evreux, Bernay.

J'allai à Dieppe, où je fus reçu par M. le Doyen. Je dus à mon titre de missionnaire l'honneur de donner une conférence à ses paroissiens.

M. Roslang, président des conférences de Saint-Vincent de Paul, avait reçu de Paris des lettres qui le priaient de m'aider à la formation de l'œuvre.

L'association fut donc établie, les dames pieuses ayant accepté, elles aussi, les conditions de son existence.

M. le comte de Paris était à son château d'Eu; je fus heureux d'être invité à aller l'y voir. M. le curé d'Eu, Normand d'antique souche, voulut bien me faciliter l'accès auprès du prince, qui me reçut avec une bienveillance dont je ne perdrai jamais le souvenir.

Son Altesse me parla de son voyage au Liban et à Jérusalem. Elle me demanda des nouvelles du patriarche maronite, qu'elle a beaucoup connu, et me pria de lui renouveler l'assurance que lui et sa famille n'oublieront pas les Libanais.

Elle daigna aussi me montrer son château et les souvenirs de ses aïeux.

A mon départ pour le Havre, je reçus des mains de cet illustre prince sa photographie, en souvenir de ma visite au château d'Eu.

Du Havre, j'allais à Elbeuf et Caudebec : j'y reçus même accueil. Les Maronites comptèrent de nouveaux amis dans la personne de MM. les Curés, MM. les Présidents des conférences de Saint-Vincent de Paul, et de toutes les personnes pieuses qui acceptèrent l'œuvre.

Évreux était sur mon chemin. Recommandé à l'Évêque par M. de Beaudicourt, je fus reçu par le grand vicaire. Sa Grandeur n'y étant pas, il daigna me recommander aux archiprêtres de Louviers et de Bernay.

A Louviers, Mme la Présidente des conférences de Saint-Vincent de Paul ayant bien voulu réunir dans ses salons les personnes charitables de cette ville, l'œuvre fut établie sous la présidence et protection de M. le Curé.

M. l'archiprêtre me fi^t l'honneur de me présenter aux notabilités de sa paroisse. Accueilli partout avec cette dignité bienveillante qui distingue le peuple français, je pris congé de M. le Curé, non sans l'avoir assuré de ma gratitude pour toutes ses bontés.

J'étais attendu à Bernay pour le jour suivant. Un presbytère hospitalier m'y donna asile. J'y trouvai avec la plus cordiale réception, un archiprêtre érudit, digne en tous points de l'administration d'une paroisse aussi importante que Bernay. Je restai trois jours (trois jours de fête) auprès des nouveaux et affectueux amis.

M. le comte de Maistre, que j'ai l'honneur de connaître, habitant tout près de Bernay, je me fis un devoir de m'y présenter.

Je passai la nuit au château; je dis ma messe le lendemain, et visitai tous les glorieux souvenirs qu'il conserve, souvenirs historiques qui datent de saint Louis. Je parcourus cette chaine des trophées de la monarchie française et vis dans le passé l'honneur qu'elle fit rayonner sur cette terre qui non sans raison sut ajouter à ses nombreux titres de gloire, celui de fille aînée de l'Eglise. M. et Mme la comtesse de Maistre voulurent assister à la réunion que je donnai pour la formation de l'œuvre, dont Mme de Maistre accepta la présidence.

Près de Bernay se trouve un château construit dans le style oriental. par M. Lottin de Laval. On lit sur les mosaïques et sur les murs, des fragments de nos poésies. Les meubles sont orientaux. L'Asie y ajeté à profusion ce qu'elle a de plus rare et de plus précieux. C'est un facsimilé si frappant despalais de Constantinople le et d'Egypte, que si l'indigène s'y réveillait un

11

beau jour, il se croirait dans son pays natal. Je
saluai ces souvenirs de l'Orient, et, quittant les
personnes si bienveillantes de Bernay, qui me re-
nouvelérent l'assurance de leur amour pour nous,
je fis route sur Séez. Avant d'y arriver, je dus aller
à Argentan pour y voir, M. le comte de Coulain-
cour, mon ami dont le nom est connu de toute la
France catholique. Son dévouement lui a fait
prodiguer sa fortune, son intelligence et son
activité. Je passai une nuit auprès du comte,
qui me donna quelques lettres de recomman-
dations pour Séez, où j'avais hâte d'arriver.
L'évêque avait déjà reçu les lettres de Paris pour
lui annoncer mon arrivée et le prier de me donner
son consentement pour l'établissement de l'œuvre
de Saint-Louis dans son diocèse.

Avec quelle bienveillance et quelle affabilité
ce digne et saint prélat me reçut, c'est ce que
je ne pourrais dire. Je fus commensal du palais
épiscopal ; on porta un toast à la prospérité de
l'épiscopat maronite. Je fis connaitre l'œuvre
du haut de la chaire de la cathédrale ; les dames
réunies à cet effet l'acceptèrent et l'organisèrent.
Messieurs les supérieurs des grands et petits séminaires m'exprimèrent tout l'intérêt qu'il portaient aux missionnaires de l'Orient, et je donnai par un petit discours la lecture spirituelle à
leurs élèves.

Fatigué de mon excursion et non loin du
monastère de la Trappe de Mortagne, je résolus

d'aller au cloître demander quelques jours de repos.

Reçu par le Révérendissime Père abbé, que je connaissais, je fus heureux de me trouver auprès de ces anachorètes et d'admirer ce que l'amour de Dieu a de puissance sur un cœur quand il lui fait abandonner les douceurs du siècle, pour le vêtement de bure, le froc monacal et l'instrument du travailleur.

Amour de Dieu ! amour des peuples ! n'est-ce pas en effet pour son frère malheureux que le trappiste vient s'implanter sur un sol stérile et que du fruit de ses sueurs il demande à la terre, par une culture intelligente, les richesses qu'elle contient. Il n'en sera ni mieux ni plus mal, du pain et des légumes au sel et à l'eau continueront d'être sa nourriture, la chaleur ne cessera d'accabler ses membres fatigués et le froid de les engourdir. Il se fatigue pour donner l'abondance aux populations malheureuses, pour apprendre à l'homme que la loi du travail est imposée à tous.

Avec les Trappistes, l'Occident ne doit plus envier à l'Orient ses anachorètes du désert, dont les austérités effrayent le monde moderne et que l'incrédule appelle encore folie ! La règle primitive de ces grands contempteurs du monde n'est point morte et se retrouve tout entière à la Trappe.

J'étais tellement ému et édifié que je voulus

me faire Trappiste pendant les quelques jours de
mon séjour au monastère ; mais, hélas ! ma vocation n'était que passagère, et j'avoue que je
ne fus pas fâché de la voir s'enfuir : je mourais
de faim. Le R. Père Abbé insistait pour me garder encore et voulait que j'adressasse quelques
paroles au chapitre et aux enfants de la co-
lonie. Je lui cachai que les légumes du couvent
étaient d'une digestion difficile, que je n'avais
plus la force de parler et que mon éloquence
était à bout ; je prétextai des affaires pressantes, mais il insista encore ; comment refuser ?...
Je priai le Ciel de me venir en aide. Il eut pitié
de moi et m'envoya, ô surprise ! un ami dont
le château, très rapproché de Mortagne, m'offrait
un confortable logis où je pourrais remettre mes
sens en équilibre, en donnant à mon appétit ce
dont il avait tant besoin.

« Je vais avec vous, mon cher, lui dis-je ; il
ne me faudra rien moins qu'un jour de bon ré-
gime pour apaiser ma faim. » Nous partîmes !
Les charmes de la causerie, la beauté du paysa-
ges passèrent inaperçus ; les côtelettes seules
eurent une influence salutaire sur moi. Je me remis
un peu du désordre que ma foi présomptueuse
avait apporté dans mon organisme et seulement alors j'écoutai M. le comte de Charancy, savant philologue, dont la conversation me révéla
un homme ayant sur les peuples de l'Orient des
connaissances précises et exactes.

Songeant à l'utilité d'un monastère de la Trappe au Liban, j'ai cru devoir m'en occuper.

Les Antonins maronites comptent près de deux mille religieux, que leur règle oblige aux travaux intellectuels et manuels et qui n'ont d'autres connaissance en agriculture que celles que nous ont laissées les patriarches. Ils pourraient disposer de quelques-uns de leurs sujets, les envoyer dans les monastères trappistes français pour y apprendre l'agriculture, ce qu'ils feraient en quelques années; ils pourraient ensuite revenir au Liban, afin de fonder à leur tour quelques-unes de ces bienfaisantes institutions qui régénéreraient le pays en lui donnant la fortune. Ma demande a été accueillie par le Père abbé et agréée par le ministre des affaires étrangères, qui a bien voulu m'accorder le passage gratuit de nos religieux; dès mon retour au Liban, je m'occuperai sérieusement de ce projet.

●

CHAPITRE X

Moulins, Clermont, Le Puy, Autun, Chalon, Mâcon, Dijon, Langres, Besançon.

Je revins à Paris. Quelques jours après, je repris mes pérégrinations, et, muni d'une lettre de M. de Baudicourt pour Mgr de Dreux-Brézé, évêque de Moulins, je partis pour cette ville.

Mgr de Dreux-Brézé ne pouvait refuser son assentiment à une œuvre qu'il avait autrefois protégée et aimée. A Paris, en 1848, il avait prêté son concours à la duchesse de Narbonne pour la fonder; il était donc heureux de la voir revivre, et me fit l'accueil le plus affectueux. En sa présence, du haut de la chaire, je fis connaître les besoins de ma nation, et Monseigneur se chargea lui-même d'organiser l'œuvre au moment favorable.

De là, j'allai à Clermont. Une maladie qui retenait au lit l'évêque de ce diocèse, ne me permit pas de le voir. Messieurs les vicaires généraux m'accueillirent avec empressement et se chargèrent de faire connaître à Sa Grandeur, dès qu'elle serait rétablie, l'objet de ma visite. Ils m'invitèrent à parler devant le comité catholique, qui me promit aussi de fonder l'œuvre, dès que les circonstance le permettraient. J'ai pris note de la promesse, et je suis certain qu'elle ne sera pas vaine. N'est-ce pas à Clermont que la valeureuse France des croisades se prosterna aux pieds d'Urbain II pour recevoir la bénédiction qui devait lui être un gage de succès et que les montagnes retentirent de ces accents : « Dieu le veut! Dieu le veut! »

Le Dieu des croisés est encore le nôtre, et l'Orient catholique reste persuadé qu'il n'oubliera pas la terre que son divin Fils féconda de son sang et arrosa de ses larmes. M. l'archiprêtre de Clermont est un homme distingué par son savoir et sa vertu; sa charité l'a fait apprécier du gouvernement français, qui l'a décoré de la Légion d'honneur l'année dernière. J'ai reçu dans son presbytère l'hospitalité traditionnelle des temps d'Abraham. *Domus mea spatiosa; Cor meum spatiosum*, pouvait me répondre ce digne prêtre.

Je parlai à la congrégation du catéchisme de persévérance qui se réunit à la cathédrale le dimanche. Mon langage franco-arabe fut compris de ces jeunes cœurs déjà formés aux enseignements de la foi. Invité à dire la messe à la *communauté des Ursulines*, je m'y rendis et y reçus le plus obligeant accueil ; il en fut de même chez les sœurs de Saint-Joseph.

Je quittai Clermont pour me rendre au Puy, emportant le plus doux souvenir de tant de bienveillance.

Reçu au grand séminaire dirigé par les Sulpiciens, je me retrouvai au sein de cette société qui dans mon parcours n'a cessé de me prodiguer ses sympathies et de s'intéresser à ma nation. M. de Beaudicourt m'avait annoncé à Mgr Lebreton, Français et Breton. C'est dire combien il nous veut de bien. Je reçus carte blanche pour former l'association de Saint-Louis ; mais, hélas ! mes efforts, en face d'une crise industrielle, ne pouvaient qu'être importuns. Je dus me contenter des excellentes *intentions que tous me témoignaient, et qui* produiront leurs fruits dans des temps meilleurs. *J'ai néanmoins visité les communautés.* Dans un seul jour, je satisfis la légitime curiosité de cinq de ces maisons.

Le Puy possède un monument qui l'immortalise, c'est Notre-Dame de France. Cette gigantesque statue a été faite avec les canons pris sur l'ennemi aux guerres de Russie et d'Italie pendant le dernier empire. Elle est érigée sur un roc qu'on dirait placé à cette intention au milieu de la vallée. Il est taillé en forme de

11.

pyramide; la cime semble vouloir s'élever jusqu'aux nues; c'est l'œuvre de la nature. On ne pouvait choisir un piédestal plus magnifique à la Vierge dont l'image domine tout le pays.

Le pittoresque du tableau, les variétés d'une nature cultivée et productive, les villages semés çà et là sur le versant des collines et tout ce peuple agenouillé aux pieds de la Vierge Marie protectrice de la France et des armées, sont pour l'âme chrétienne une de ces contemplations qui la ravissent en lui faisant aborder aux rives de l'infini. Je priai avec toute la ferveur dont mon âme est capable, cette Vierge du Puy qui est aussi celle du Liban. Marie est née dans la Galilée : ne devais-je pas, en songeant à la misère des peuples de l'Orient, lui rappeler sa modeste quoique royale origine ?

Je descendis cette montagne où j'avais ressenti une foi si grande qu'elle ne peut se dire; je revins au Puy avec le souvenir d'un ami et d'un bienfaiteur qui m'y attache, celui du père Abougi, jésuite, dont la maison maternelle est encore dans cette ville. C'est à son affection que je dus d'entrer au collège de Gazir, et, après la mort de ma mère, il voulut bien franchir une distance de dix lieues qui nous séparait, abandonner ses occupations, pour assister à ses obsèques, faire son panégyrique et donner à ma famille désolée les consolations chrétiennes que tous nous demandions à son dévoûment d'apôtre. Ces souvenirs m'assaillirent en parcourant cette ville à laquelle je devais de la reconnaissance, puisqu'un des siens m'avait aimé ; je la quittai, mais je sentais que j'y laissais quelque chose de mon cœur.

Je pris ensuite la route d'Autun. Au nom de cette ville est intimement lié celui de Paray-le-Monial, où le Sacré-Cœur de Jésus, se montrant à découvert à l'humble religieuse de la Visitation, lui dit : « Voici ce Cœur qui a tant aimé les hommes ! » On comprend que tout catholique, s'il est prêtre surtout, ne secoue pas la poussière du chemin, avant de s'être agenouillé en ce sanctuaire béni qu'une double consécration, celle de l'apparition et celle de la vénération des peuples, a rendu deux fois cher (1).

Je dis la messe à l'autel même du miracle, et, ma dévotion un peu retrempée dans la prière, j'arrivai à Autun. Une des plus belles cérémonies du rit catholique s'y faisait : le sacre d'un évêque. M. Lelong, vicaire général d'Autun, nommé évêque de Nevers, recevait l'onction et les insignes de la dignité épiscopale. Les évêques consécrateurs étaient : l'archevêque d'Aix, les évêques d'Autun, de la Rochelle et de Troyes ; trois cents prêtres assistaient à la cérémonie ; je fus heureux d'être du nombre, et je vis avec

---

(1) Le Pape Léon XIII a accordé à l'église de Paray-le-Monial le titre de basilique.

joie le respect et la piété se peindre sur toutes les physionomies.

J'élus domicile au grand séminaire; les Sulpiciens en sont les directeurs. M. de Beaudicourt avait écrit à Mgr Perraud et à M. de Champeau, président des conférences de Saint-Vincent de Paul; je n'étais donc pas un inconnu.

Sa Grandeur me reçut avec la politesse et la bienveillance qui s'unissent en elle au talent et à la vertu Monseigneur me permit de travailler à la formation de l'œuvre. Mᵐᵉ la marquise de Mac-Mahon voulut aussi m'honorer de sa recommandation auprès de quelques-unes de ses connaissances, et M. l'archiprêtre eut la bonté de nous céder pour les réunions dans la cathédrale la chapelle des Congrégations.

J'y célébrai le saint sacrifice de la messe, fis une petite allocution, et l'œuvre reçut un accueil favorable : là aussi on aime l'Orient.

Je rencontrai, au sortir de la chapelle, un parent d'une des familles françaises du Liban; que cette personne dont je ne me rappelle pas le nom reçoive ici mes regrets de n'avoir pu accepter les politesses dont elle voulait me combler. L'œuvre ne me permettait pas de m'attarder; j'allais chez M. de Champeau, où j'étais attendu.

Je continuai mon voyage et vins à Chalon et à Mâcon. Ici je n'ai qu'à redire ce que le bulletin de l'œuvre de Saint-Louis a déjà fait connaître.

concernant la spontanéité de ces populations à aider les frères malheureux du Liban. A la conférence de Saint-Vincent de Paul et aux jeunes filles réunies chez les sœurs blanches, je dis quelques mots et fus satisfait des dispositions qui me furent montrées.

A Dijon, où j'arrivai peu après, je me présentai à M. Bresson, avocat et président du comité catholique, auquel j'étais recommandé par M. de Beaudicourt; j'y fus reçu avec bonté et distinction. Présenté par lui au vénérable évêque du diocèse, je ne pouvais qu'être bien accueilli. Mgr Rivet, dont le cœur est celui d'un apôtre, donna son consentement à l'œuvre. Dans une conférence de Saint-Vincent de Paul qui eut lieu sous sa présidence à l'évêché le jour de la fête de l'Immaculée Conception il voulut bien l'établir.

Lecture fut donnée par divers membres des rapports des conférences faites dans les départements : tous attestaient de la vigueur de la foi dans cette antique Bourgogne qui compte parmi ses héros catholiques, un saint Bernard, une Jeanne de Chantal, un Bossuet. Un père Dominicain nous montra l'excellence du dogme de l'Immaculée Conception, et j'eus ensuite la parole en faveur du Liban; parole bien modeste après celle qu'on venait d'écouter; mais, encouragé par la bienveillance qu'on m'accordait, je fis connaître aussi bien que je le pus en français la cause de mon voyage. Monseigneur, déclarant que cette œuvre lui était chère, pria l'assemblée de lui prêter son secours, et le lendemain, sur l'invitation de M. Bresson, une réunion de cinq cents dames se tint dans l'une des églises. Elles entendirent la messe et se firent inscrire pour l'œuvre, que je leur exposai en quelques mots. L'organisation de cette nouvelle société ne tarda pas à se faire d'une manière régulière; le Bulletin de Saint-Louis en a donné le compte-rendu. Honneur à tant de cœurs généreux qui se sont faits spontanément les Croisés des Maronites, et Dieu veuille en bénir les succès, que les enfants de la Visitation, de Saint-Ursule et du Carmel hâteront par leurs prières.

Langres est le pays vers lequel je dirigeai mes pas après avoir dit adieu à Dijon. Connu de M. l'abbé Garnier et présenté par lui au nouvel évêque, qui depuis peu de jours avait fait son entrée dans sa ville épiscopale, je fus invité à sa table. Sa Grandeur me rappela que l'Eglise d'Orient avait donné à la Champagne son premier apôtre, me parla de notre hiérarchie ecclésiastique et me fit voir des connaissances étendues sur l'histoire de l'Orient. Une réunion du clergé, des membres des conférences de Saint-Vincent de Paul et des fidèles, eut lieu à la cathédrale, sous la présidence de M. l'archiprêtre. L'œuvre de Saint-Louis a rendu compte de ses heureux résultats, dans ses bulletins : je n'y reviendrai pas ici.

J'arrivai ensuite à Besançon, où je fus présenté à Sa Grandeur Mgr Paulinier, accompagné de M. Barret, intendant militaire, président du comité catholique. Ici l'œuvre subit une petite interruption : l'archevêque avait *reçu du directeur des écoles d'Orient, une lettre peu favorable aux prêtres orientaux ; avant donc de donner son consentement, il tint à prendre de sérieux renseignements.* M. de Beaudicourt, *interrogé,* instruisit immédiatement M. Barret, de l'œuvre et de son but. Sa Grandeur nous donna alors l'autorisation demandée. L'archiprêtre, homme distingué par ses vertus et ses talents, voulut présider la réunion qui se tint pour faire connaître l'œuvre de Saint-Louis . Comprise et acceptée par les personnes de la ville, cette œuvre a été constituée d'après les statuts.

J'ai eu l'avantage de parler aux dames du Sacré-Cœur, au collège ecclésiastique, au pensionnat des Enfants de Marie, à l'école Normale, et partout on a répondu avec empressement à l'attachement du Liban pour la France. « *Les Francs-Comtois sont fermes dans leurs résolutions, me disait cette excellente population ; soyez sûr, Monseigneur, que si votre œuvre est acceptée, elle ne périra pas.* »

M. le président du tribunal, auquel j'ai eu l'honneur de faire une visite, me disait : « *Je n'ai jamais vu de Maronites ; je ne sais à quoi attribuer le sentiment d'amitié intime que je*

ressens pour ce peuple, depuis mon enfance. »
Ces paroles émurent délicieusement mon âme
libanaise.

Je quitte Besançon le cœur plein de reconnaissance et je me dirige vers Nancy. Annoncé
à M. Vagner, homme de distinction que sa fo
solide a fait choisir pour diriger toutes les
bonnes œuvres, je me présentai à lui.

M. Vagner, pour ne pas porter ombrage à
l'œuvre des Ecoles d'Orient, résolut de former
un comité mixte qui s'occuperait des deux
œuvres. MM. les directeurs furent priés d'accepter ces arrangements, et le projet fut soumis
au digne évêque, qui l'agréa.

Je ne me sentais plus étranger dans ces contrées du nord, et je fus on ne peut plus touché
de l'affection sincère que me témoignèrent M.
Vagner et sa famille à mon départ, et ce fut avec
un vrai plaisir que je bénis ses jeunes enfants.

Je voudrais pouvoir dire avant de quitter
Nancy tout ce que l'école Saint-Joseph et son
digne supérieur M. l'abbé Demange m'ont témoigné d'intérêt ; je voudrais parler des dames du
Sacré-Cœur, de leurs charmantes et modestes
jeunes filles, de la communauté de la Doctrine
chrétienne, qui comptait au jour que j'eus le
plaisir de lui faire une petite homélie, 350 novices
des cercles catholiques dirigés par M. le commandant Léon ; mais l'espace me manque, un
volume n'y suffirait pas.

Ma santé délabrée par le froid et des travaux apostoliques un peu prolongés m'obligèrent à rentrer dans la capitale.

CHAPITRE XI

Bourges, Nevers, Rome, Retour à Paris.

Un mois de repos venait de s'écouler ; j'avais hâte de reprendre mes excursions. Le bâton de voyageur à la main, j'arrive à Bourges, porteur de lettres de recommandation pour Mgr de la Tour d'Auvergne, évêque de ce diocèse, et pour son vicaire général.

L'œuvre qui m'amenait, chère à divers titres au cœur de Sa Grandeur, me promettait un bon accueil. Je ne fus pas déçu. Evêque, la prospérité de l'épiscopat maronite ne pouvait le laisser indifférent; prince, les glorieuses traditions de son pays lui faisaient un devoir de les continuer par la chevalerie de sa foi. Il voulut bien me patronner, et, aidé de M. le président du comité catholique, des conférences de Saint-Vincent de Paul et de M. le curé de la cathédrale et de sa famille, j'espérai que la réunion annoncée et faite

aux dames pieuses, ne serait pas infructueuse.
Trois cents personnes au moins assistèrent à ma
simple allocution, la goûtèrent, et le lendemain,
dans un des salons de l'archevêché, l'œuvre fut
fondée et constituée.

Je revins à Nevers, où je fus reçu au grand
séminaire. Je me présentai à Sa Grandeur, au
sacre duquel j'avais eu l'honneur d'assister à
Autun. Couvert encore des prémices de ses bé-
nédictions, j'allai à elle avec la confiance d'un
Français, presque d'un diocésain ; je fus accueilli
avec bonté. Mgr Lelong consentit à la fondation
de l'œuvre si ses fidèles ne la refusaient pas
Un bon ange et Messieurs nos protecteurs ayant
prédisposé pour nous tous les cœurs, l'œuvre fut
avec empressement. Je passai trois jours en cette
ville, pour y faire la connaissance des communautés, des sociétés, des bonnes œuvres. J'étais au
sein de cette population si française quand une
lettre de Rome vint hâter mon départ. Monseigneur l'archevêque Ambroise d'Aroni, procureur de notre nation, m'appelait auprès de lui
pour une affaire personnelle. J'en profitai pour
assiter, au couronnement de Sa Sainteté
Léon XIII. C'était un devoir de respect et d'a-
mour filial que j'étais heureux et fier de remplir :
je quittai donc Nevers pour aller à Rome.

Les journaux ont retenti des cérémonies de
ce glorieux couronnement. A l'élévation de
Léon XIII et quand la tiare aux trois couronnes

fut déposée sur la tête du nouveau pontife, la chrétienté s'est réjouie et l'univers entier a applaudi.

Je désirais me présenter au cardinal Siméoni; mais il permutait de charge avec le cardinal Franchi, le moment était donc peu favorable. Je renonçai à cette entrevue et revins à Paris.

J'y étais depuis deux jours à peine, quand je reçus la nouvelle de la mort prématurée du procureur des Maronites, Mgr Ambroise d'Aroni, que je venais de laisser plein de vie. Cette mort fut à mon cœur un coup bien douloureux : ma nation perdait un père, la cour romaine regrettait un prélat plein de vertus et de mérites, le peuple romain pleurait un ami; apprécié de tous, il n'a laissé que des regrets.

CHAPITRE XII

Lourdes.

Je n'ai pas voulu quitter la France sans aller
visiter le sanctuaire miraculeux de Lourdes.
Mon désir étant de voir l'abbé Ancessi, que je
savais malade dans sa famille à Rodez, je me
mis en route à cette double fin. J'arrivai malheureusement trop tard pour recevoir les derniers adieux d'un ami qui m'était cher : à Tarbes
une lettre m'apprenait son trépas, qu'un acci-
dent de constitution avait hâté. J'arrivai donc à
Lourdes le cœur noyé de larmes et de tristesse.
Je sentais qu'en cette grotte seule où le ciel avait
parlé à la terre, je trouverais de mon ami, heureux éternellement, je l'espère, ce qu'il n'avait
pu me donner ici-bas. Je tombai à genoux, et,
prenant la place où Bernadette égrainait si
pieusement son chapelet, je priai. Une foi profonde et vive pénétra mon âme lorsque mes

yeux fixèrent le lieu de l'apparition ; mon imagination voyait cette Vierge se montrant à un
cœur simple et droit, disant à cette enfant pure
comme les anges : « Je suis l'*Immaculée Conception.* »

Là j'eusse voulu rester toujours.....

Le lendemain, je dis ma messe à la crypte, et,
retournant à la grotte, je demandai à Marie l'extinction du schisme dans l'Église, d'Orient et son
amour pour mes amis et pour moi ; et, mon cœur
débordant malgré moi : « Pourquoi, bonne Mère,
n'avez-vous pas choisi l'Orient pour le lieu de
votre apparition ? Pourquoi fuir nos collines ver-
doyantes ? Rose de Jéricho, pourquoi ne pas revenir en nos plaines parfumées ? Nous vous vî-
mes les parcourir, jeune Vierge demandant le
Messie, puis Mère désolée, pleurant le Fils qui
ne nous laissa pas orphelins. Mes péchés et
ceux de mes compatriotes sans doute vous ont
éloigné de nos rivages, et la France a hérité de
vos faveurs. Soyez-en bénie, bonne Mère ! et
répandez sur cette noble terre, si sympathique
aux Orientaux, aux Libanais surtout, les munificences de votre inépuisable tendresse. »

Presque seul à ses pieds, les regards de Marie
me semblaient n'être que pour moi. Tout mon
être était absorbé dans mon amour pour ma
Mère.

Au pied de la grotte une atmosphère de foi
vous environne, on sent partout le miracle. Le

miracle ! combien le nient ou veulent l'expliquer par les sciences. Pour moi chrétien, la puissance divine ne s'est pas amoindrie, et je m'écrie : « Dieu ne peut-il pas déroger aux lois de la nature que lui-même a faites ? En tant que créateur, n'est-il pas le maître de son œuvre ? Et qui peut limiter son pouvoir ? sera-ce l'homme, qui n'a de raison et d'intelligence que celle qu'il tient de la lumière qui éclaire tout homme venant en ce monde.

La science ne sera vraie que lorsqu'elle nous aura dit « qu'imparfait en toutes choses, l'homme doit connaître avec amour et ignorer avec foi » (1). Tombons à genoux, ne laissons pas tarir la vie qui nous anime, déjà les ombres de la mort glacent nos cœurs ; laissant les murmures, une prière et nous serons sauvés.

Je n'ai pas dit adieu au sanctuaire de Notre-Dame de Lourdes ; peut-être mes compatriotes, apprenant les faveurs que Marie y prodigue, formeront-ils une caravane ; je me joindrai à elle, et je viendrai encore une fois dans ma vie saluer la France et m'agenouiller aux pieds de l'Immaculée Conception.

Je fus agréablement surpris de me trouver en pays de connaissance. Le R. P. Dupuy, que j'avais connu à l'école des Carmes, Père missionnaire aujourd'hui, me combla de témoi-

_____

(1) M. de Bonald.

12

gnages d'amitié, et me servit de cicerone. Nous sommes allés ensemble surprendre M. l'abbé Corège, au petit séminaire. Je l'avais connu à Paris. Il me croyait mort, et s'est figuré voir un homme d'outre-tombe. Le revenant ne l'a pas trop effrayé, Dieu merci ! il m'a fraternellement embrassé, et, dans une charmante intimité, nous avons laissé fuir les heures de la nuit sans les compter.

De Lourdes, j'allai à Rome, où j'eus le bonheur d'obtenir une audience particulière de Sa Sainteté Léon XIII, et Dieu sait combien ma joie fut grande, lorsque j'eus l'honneur de causer avec lui de l'Orient et de recevoir pour moi, pour ma patrie et pour tous mes amis la bénédiction apostolique. J'eus aussi l'honneur de me présenter chez le cardinal Siméoni, préfet de la Propagande, qui me reçut avec une bienveillance que je n'oublierai jamais. J'espère pouvoir répondre à tous les désirs que m'a exprimés Son Eminence, de voir le clergé d'Orient entrer résolûment dans la voie des fortes études. Des affaires urgentes m'obligèrent à rentrer à Paris. Maintenant, il est temps pour moi de rentrer dans le Liban.

Dans l'univers entier, les Français ont une réputation de cordialité et d'hospitalité telles que l'on dit qu'il suffit qu'un étranger reste un mois parmi eux pour qu'il devienne l'ami de tous. Je suis arrivé en France déjà lié à ce pays par les antiques liens du sang et de la foi; j'y suis resté six années entières; j'ai parcouru ses provinces, je me suis présenté à ses cardinaux, à ses archevêques, à ses·évêques; je me suis mêlé à son clergé; j'ai visité ses séminaires, ses communautés religieuses, ses collèges et ses pensionnats; je me suis entretenu avec les chefs de ses administrations; j'ai fait la connaissance d'un grand nombre de ses officiers; j'ai fréquenté les écrivains de la presse catholique, et partout la réception qu'on m'a faite a attaché mon cœur par des liens aussi doux qu'ils sont forts. Et maintenant, au moment de partir, je sens se renouveler en moi tous les sentiments qui ont déchiré mon cœur au moment où je quittai mon pays.

Ma seconde patrie m'est devenue presque aussi chère que la première, et j'ai autant de peine à me séparer de mes amis de France que j'en avais à quitter ceux que je laissais au Liban.

Mais, comme la foudre obéit toujours à la voix de son créateur, ainsi l'apôtre doit au moindre signe de la volonté de son Maître courir et voler où l'appellent la gloire de Dieu et le salut des âmes. Dieu a daigné faire de moi son apôtre, il m'a envoyé en France, et pour lui obéir j'ai dû rompre les liens les plus chers; il me rappelle au Liban, je dois avec la même docilité quitter tout ce qui, dans ma seconde patries avait ravi mon cœur. Le devoir de porter ma croix à la suite du divin Sauveur et l'amour que Dieu a mis dans mon cœur de prêtre pour les âmes de mes frères malheureux, me font faire avec joie ce douloureux sacrifice, sans cependant en amoindrir l'amertume.

Je te quitte, France hospitalière ; mais ma reconnaissance sera éternelle ; que ma langue s'attache à mon palais si jamais je t'oublie. Partout où je serai, ton nom sera prononcé avec amour et reconnaissance, et si mon sang pouvait un jour être utile à ta cause, sois sûre que je le verserais avec amour pour payer la dette que j'ai contactée envers toi. Je prie le Seigneur de conserver entre tes mains l'apostolat que tu exerces dans le monde entier. Fille aînée de l'Église, reste toujours attachée au trône de saint Pierre et n'oublie pas le tombeau du Christ.

Que les traditions glorieuses de tes enfants ne s'effacent jamais du Liban. Que la foi à laquelle tu as dû ta grandeur, et dont tes rois, Clovis, Charlemagne et saint Louis, ont été les si vaillants défenseurs, ne soit pas ébranlée par le souffle d'impiété qui parcourt la terre. Que jamais le foyer de la lumière civilisatrice ne s'éteigne parmi tes enfants. Que tes missionnaires et tes vierges portent toujours la croix sur toutes les plages du monde, et enseignent partout la doctrine du Sauveur. Que dans la nouvelle Jérusalem, dont l'ancienne n'était que la figure, tu sois jusqu'à la fin des siècles le cénacle béni d'où s'élancent les apôtres qui vont conquérir l'univers.

Adieu, chère France, ma mère et ma patrie; je te prie de me garder la promesse que tu m'as faite d'être toujours pleine d'affection et de sollicitude pour tes enfants libanais, qui, de leur côté, t'aimeront, te respecteront et te regarderont toujours comme leur mère et leur protectrice.

FIN.

TABLE DES MATIÈRES

Pages.

PRÉFACE.   V

PREMIÈRE PARTIE

LE LIBAN.   1
    I. Les Maronites, leur origine. . . .   3
    II. Sièges patriarcaux.   7
    III. Orthodoxie des Maronites.   22
    IV. Hiérarchie.   28
    V. Élection et juridiction du pa-
        triarche.   30
    VI. Ordination du patriarche. . . .   35
    VII. Élection et juridiction de l'ar-
        chevêque, sa consécration; ju-
        ridiction du grand prêtre, du
        chorévêque, du bardioute, leur
        ordination.   37
    VIII. Ordres religieux, anachorètes,
        missionnaires.   42
    IX. Dialectes.   49
    X. L'Église du Liban.   52
    XI. Littérature.   66
    XII. Histoire du gouvernement civil.   74
    XIII. Les Druses.   95
    XIV. Les Mutualis.   98
    XV. Les Nosoaïris.   101
    XVI. Relations de la France avec le
        Liban.   102

DEUXIÈME PARTIE

I. Mes adieux et mon départ de Beyrouth; mon arrivée en France. 125

II. Premier voyage, quêtes dans le Nord. 134

III. Discours au comité catholique. . 137

IV. Deuxième voyage. — Amiens, Rouen, le Mans, Bayeux. . 147

V. Troisième voyage. — Beauvais, Soissons, Saint-Quentin, Lille, Cambrai. 153

VI. Quatrième voyage. — Bordeaux, Limoges, Poitiers, Niort. . . 159

VII. Rome. 167

VIII. Cinquième voyage. — Orléans, Tours, Nantes, Sainte-Anne d'Auray. 171

IX. Le Havre, Dieppe, Elbeuf, Caudebec, Evreux, Bernay. . . .

X. Moulins, Clermont, le Puy, Autun, Chalon, Mâcon, Dijon, Langres, Besançon. 187

XI. Bourges, Nevers, Rome. — Retour à Paris. 199

XII. Lourdes 202

Paris-Auteuil, — Imp. des Apprentis-orphelins. — ROUSSEL
40, Rue Lafontaine, 40.

www.ingramcontent.com/pod-product-compliance
Lightning Source LLC
Chambersburg PA
CBHW060030100426
42740CB00010B/1674